교과서가 머리에 쏙쏙 들어오고! 시험 문제가 술술 풀리는!

놀라운 어휘 학습 보카어

다산스쿨 교육연구소 지음

4

다산
스쿨

교과서를 읽지 못하는 아이들

요즘 아이들은 글을 읽지 못해서 시험 문제를 풀지 못한다고 합니다. 우리 아이는 한글을 잘 읽는데, 이게 무슨 말일까요?

아이가 만나는 모든 교과서와 시험 문제는 수많은 어휘로 이루어져 있습니다. 따라서 어휘의 뜻을 제대로 해석하지 못한다면 글을 읽는다고 할 수 없지요. 글을 읽지 못하면 모든 과목에서 지식을 습득하기 어렵고, 이는 문제를 푸는 능력에도 영향을 미칩니다. 왜 이런 일이 일어날까요?

답은 현저히 낮은 아이들의 문해력에서 찾을 수 있습니다. '문해력'이란 글을 읽고 쓸 수 있는 능력을 말합니다. 단순히 글자를 읽는 것이 아니라, 사고 과정을 통해서 글의 맥락을 파악하고 표현할 수 있는 능력이지요. 교과목이 늘어나고 본격적인 학습이 등장하는 초등 3학년 시기가 되면, 문해력이 부족한 아이는 고급 어휘들을 이해하지 못하면서 학습 격차가 발생하기 시작합니다. 그래서 초등 저학년 시기에 문해력의 기초를 탄탄하게 다져 놓아야 합니다.

교과 학습의 키, 학습도구어!

문해력은 어떻게 향상시킬 수 있을까요? 많은 전문가가 문해력의 가장 기본 요소로 어휘를 제시하고 있습니다. 소릿값이 합쳐져 이루어진 단어를 읽고 그 의미를 바로 파악하는 어휘력이 문해력의 시작입니다.

일상에서 자유롭게 대화를 하던 아이들이 갑자기 머리를 쥐어짜게 만드는 어휘가 있는데, 이것이 바로 '학습도구어'입니다. 학습도구어는 교과서와 같은 학술 텍스트에서 자주 사용되는 어휘로, 교과서를 읽고 사고를 정교화하기 위해 필수적으로 알아야 하는 단어입니다. 학습도구어를 아는 것은 교과 이해도를 높이는 데 필수적이고, 이는 결국 학습 실력의 차이로 이어집니다.

> • 다음 장면과 관련이 없는 것을 골라 보세요.
> • 지도는 사용 목적에 따라 구분할 수 있다.
> • 일정한 규칙으로 나열된 숫자를 보고, 아래 문제를 풀어 보세요.

우리 아이는 교과서, 수행 평가, 시험 문제 등에서 이런 문장을 접하게 됩니다. '장면, 관련, 목적, 구분, 일정, 규칙'은 해당 과목의 지식 내용은 아니지만, 모르면 문장을 이해할 수 없는 중요한 어휘, 학습도구어입니다. 이를 모르는 아이는 결국 사회 교과서에서 설명하는 지도의 내용을 이해하기 어렵고, 덧셈과 뺄셈을 할 수 있어도 수학 문제를 풀지 못합니다. 문장 속 교과 지식이 아니라 문장을 이루는 학습도구어를 어려워하는 것이지요. 게다가 고학년으로 올라갈수록 교과서에 등장하는 학습도구어는 더욱 어려워집니다. 따라서 교과 지식을 받아들이고 인출하기 위해서는 학습도구어를 정확하게 학습하고 활용할 수 있어야 합니다.

●핵심 학습도구어와 수백 개의 확장 어휘를 한눈에 익히는 책

학습도구어의 중요성을 알아도 아이의 학년에 맞는 어휘를 하나하나 찾아서 가르치기란 쉽지 않습니다. 그래서 본 책에서는 초등 저학년에 꼭 필요한 100개의 학습도구어를 선정하고 이로부터 600여 개의 어휘를 확장해서 학습하도록 구성했습니다.

핵심 어휘는 초등 1~3학년 교과서를 기반으로 주요 학습도구어를 추출한 뒤, 국립국어원 『현대 국어 사용 빈도 조사』 보고서의 빈도 순위를 반영하여 선정했습니다. 아이들은 다섯 권의 책을 통해 1일 1학습도구어를 익히며 쉽고 재미있게 어휘력을 키우고, 핵심 어휘와 관련된 단어들을 연결하며 점진적으로 어휘를 확장해 갈 수 있습니다. 또한 핵심 학습도구어가 나오는 생활 만화를 통해 단어가 쓰이는 맥락과 상황을 익숙하게 받아들이게 됩니다. 뿐만 아니라 속담과 사자성어, 관용어 등을 학습하면서 단어에서 문장으로 사고를 확장하고, 이를 바탕으로 해당 단어를 문장과 문단 속에 적용하는 활동을 하면서 언어 능력을 향상시킬 수 있습니다.

●초등 학습의 시작, 학습도구어!

우리 아이가 학교 수업을 잘 이해하고 표현했으면 하는 마음은 모두 같습니다. 본격적인 읽기가 시작되는 문해력 입문기의 아이에게 학습도구어는 그 길을 열어 주는 도구가 될 것입니다.

다산스쿨 교육연구소

이 책의 구성

1일 1어휘 학습하기

우리 아이에게 꼭 필요한 학습도구어를 하루에 하나씩 아이들의 눈높이에 맞춰 익힐 수 있습니다.

공부한 날짜를 쓰고 오늘의 어휘를 학습합니다.

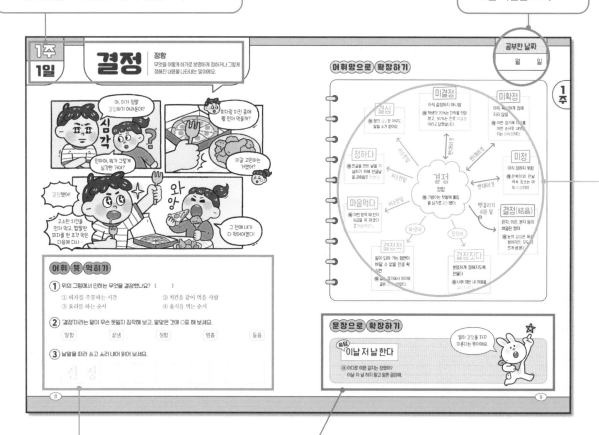

어휘 뜻 익히기

생활 만화를 통해 어휘의 쓰임을 알고, 문제를 풀며 어휘를 확인합니다.

문장으로 확장하기

속담, 사자성어, 관용어 등을 알아보며 어휘의 쓰임을 이해합니다.

어휘망으로 확장하기

어휘망으로 오늘의 핵심 어휘와 관련된 주변 어휘까지 한눈에 학습할 수 있습니다.

확장 어휘

비슷한말: 핵심 단어와 같은 맥락에서 쓸 수 있는 유사한 뜻의 단어
반대의 뜻: 핵심 단어와 반대의 상황에서 쓸 수 있는 서로 다른 단어
파생어: 핵심 단어에 '-력, -화'와 같은 접사를 붙여 새로운 뜻을 표현하는 단어
합성어: 핵심 단어에 또 다른 단어가 결합해 생성된 단어
활용: 핵심 단어를 일상에서 자유롭게 확장하여 쓰는 말
헷갈리기 쉬운 말: 핵심 단어와 발음이 같거나 유사하지만 다른 뜻을 가진 단어
속담: 예로부터 전해 내려오는 삶에 대한 교훈이나 주의를 표현한 짧은 글 또는 가르침을 주는 말
사자성어: 한자 네 자로 이루어진 옛말로, 교훈이나 유래를 담고 있음.
관용어: 두 개 이상의 단어로 이루어져서 특수한 의미를 나타내는 어구

───── (실선): 핵심 단어와 관련성이 강함.
- - - - (점선): 핵심 단어와 관련성이 약함.

어휘 뜻 확인하기

문장 속에 들어갈 어휘를 찾는 문제를 통해 단어가
쓰이는 상황적 맥락을 이해할 수 있습니다.

실전 문제 풀이

핵심 단어가 쓰이는 속담과 상황 문제를 풀면서
단어의 실제 쓰임을 생각해 볼 수 있습니다.

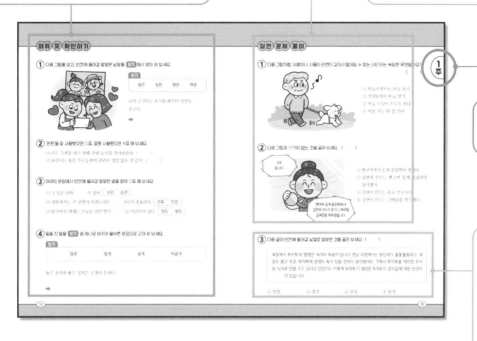

학습하는 주를 한눈에
알 수 있습니다.

한 편의 글 속에 들어
갈 단어를 찾으면서
어휘에 대한 이해도
를 한 단계 높이고 독
해력과 사고력을 키웁
니다.

확인 학습

한 주 동안 배운 핵심 어휘와 주변의 확장 단어를 포괄적으로 확인할 수
있습니다. 한 주간 학습한 단어를 잘 기억하고 있는지 점검해 봅니다.

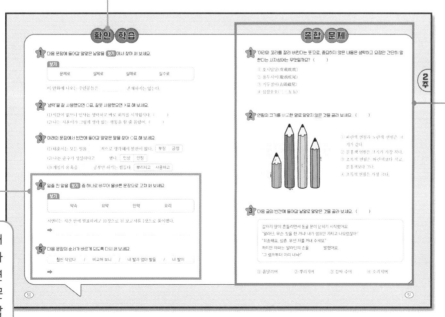

종합 문제

한 주를 완성하는 실
전 문제를 통해, 각 주
의 단어를 활용하면
서 마무리할 수 있습
니다.

문장에 잘못된 단어
를 고쳐 쓰거나 바
른 순서로 다시 쓰면
서 문법에 맞게 문
장을 쓰는 연습을 합
니다.

차례

초등 학습에 꼭 필요한 100개의 학습도구어와 600여 개의 확장 어휘를 학습해 보세요!

★ 정답은 96쪽에서 확인할 수 있습니다.

결정

정함
무엇을 어떻게 하기로 분명하게 정하거나 그렇게
정해진 내용을 나타내는 말이에요.

어휘 뜻 익히기

① 위의 그림에서 민하는 무엇을 결정했나요? (　　　)

① 피자를 주문하는 시간　　　　　② 치킨을 같이 먹을 사람

③ 요리를 하는 순서　　　　　④ 음식을 먹는 순서

② '결정'이라는 말이 무슨 뜻일지 짐작해 보고, 알맞은 것에 ○표 해 보세요.

말함　　　　버림　　　　정함　　　　멈춤　　　　들음

③ 낱말을 따라 쓰고 소리 내어 읽어 보세요.

결	정				

어휘망으로 확장하기

1주

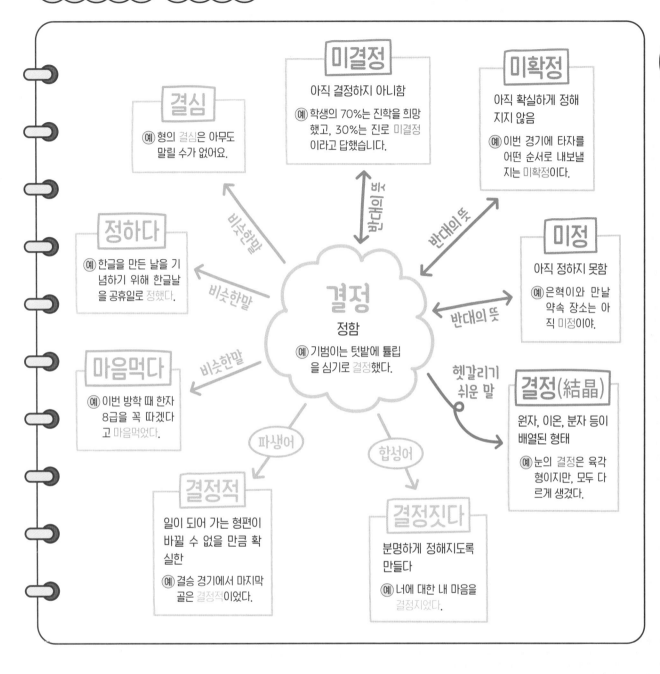

미결정
아직 결정하지 아니함
(예) 학생의 70%는 진학을 희망했고, 30%는 진로 미결정이라고 답했습니다.

미확정
아직 확실하게 정해지지 않음
(예) 이번 경기에 타자를 어떤 순서로 내보낼지는 미확정이다.

결심
(예) 형의 결심은 아무도 말릴 수가 없어요.

비슷한말

반대의 뜻

정하다
(예) 한글을 만든 날을 기념하기 위해 한글날을 공휴일로 정했다.

비슷한말

비슷한말

미정
아직 정하지 못함
(예) 은혁이와 만날 약속 장소는 아직 미정이야.

반대의 뜻

결정
정함
(예) 기범이는 텃밭에 튤립을 심기로 결정했다.

마음먹다
(예) 이번 방학 때 한자 8급을 꼭 따겠다고 마음먹었다.

비슷한말

헷갈리기 쉬운 말

결정(結晶)
원자, 이온, 분자 등이 배열된 형태
(예) 눈의 결정은 육각형이지만, 모두 다르게 생겼다.

파생어

합성어

결정적
일이 되어 가는 형편이 바뀔 수 없을 만큼 확실한
(예) 결승 경기에서 마지막 골은 결정적이었다.

결정짓다
분명하게 정해지도록 만들다
(예) 너에 대한 내 마음을 결정지었다.

문장으로 확장하기

속담 **이날 저 날 한다**

(예) 어디로 여행 갈지는 정했어?
이날 저 날 하지 말고 얼른 결정해.

어휘 뜻 확인하기

1 다음 그림을 보고, 빈칸에 들어갈 알맞은 낱말을 보기 에서 찾아 써 보세요.

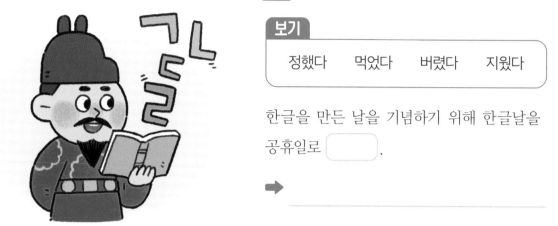

보기

| 정했다 | 먹었다 | 버렸다 | 지웠다 |

한글을 만든 날을 기념하기 위해 한글날을 공휴일로 [   ].

➡ _____

2 '결정'을 잘 사용했으면 ○표, 잘못 사용했으면 ✕표 해 보세요.

(1) 실패는 성공으로 가는 결정이다. (   )

(2) 기범이는 텃밭에 튤립을 심기로 결정했다. (   )

3 아래의 문장에서 빈칸에 들어갈 알맞은 말을 찾아 ○표 해 보세요.

(1) 이번 방학 때 한자 8급을 꼭 따겠다고 [   ]. | 마음먹었다 | 심각했다 |

(2) 형의 [   ]은 아무도 말릴 수가 없어요. | 결심 | 안심 |

(3) 은혁이와 만날 약속 장소는 아직 [   ]이야. | 미정 | 진정 |

4 밑줄 친 말을 보기 중 하나로 바꾸어 올바른 문장으로 고쳐 써 보세요.

보기

| 헛걱정 | 미결정 | 미개척 | 미경험 |

오디션의 합격자가 아직 <u>확정된</u> 상태라서, 참가자들은 발표를 기다리고 있다.

➡ _____

① 다음 그림에 어울리는 속담은 무엇인가요? (　　)

① 눈 가리고 아웅
② 이날 저 날 한다
③ 가는 날이 장날
④ 쥐구멍에도 볕 들 날 있다

② 다음 그림에서 아이는 어떤 결정을 내렸는지 골라 보세요. (　　)

① 시험을 보지 않을 것이다.
② 친구와 함께 숙제를 할 것이다.
③ 오늘 저녁 늦게까지 공부할 것이다.
④ 내일부터 일찍 일어나서 공부할 것이다.

③ 다음 글의 빈칸에 들어갈 낱말로 알맞은 것을 골라 보세요. (　　)

'우리나라가 독립할 수 있다면 무슨 일이든 하겠어!'
어린 유관순은 작은 주먹을 꼭 쥐고 　　　 했어요.
"대한 독립 만세!"
고종 황제의 장례식 날, 학생들은 서울에서 만세 운동을 벌였어요. 유관순은 친구들과 밤새 만든 독립 선언서를 사람들에게 나눠 주었지요.

① 중심　　　② 욕심　　　③ 진심　　　④ 결심

관련
관계를 맺음

둘 이상의 사람, 사물, 일 등이 서로 관계를 맺어 매여 있는 것을 나타낼 때 써요.

어휘 뜻 익히기

1 위의 그림에서 동생의 추리와 관련이 <u>없는</u> 것은 무엇인가요? (   )

① 만화책이 세 번이나 없어졌다.　　　　　② 만화책은 하루 뒤에 제자리로 돌아온다.

③ 만화책은 언니의 것이다.　　　　　　　④ 만화책 사건은 서로 관련이 있다.

2 '관련'이라는 말이 무슨 뜻일지 짐작해 보고, 알맞은 것에 ○표 해 보세요.

관계를 끊음　　　　　관계가 없음　　　　　관계를 맺음　　　　　관계를 잊음

3 낱말을 따라 쓰고 소리 내어 읽어 보세요.

관	련				

어휘망으로 확장하기

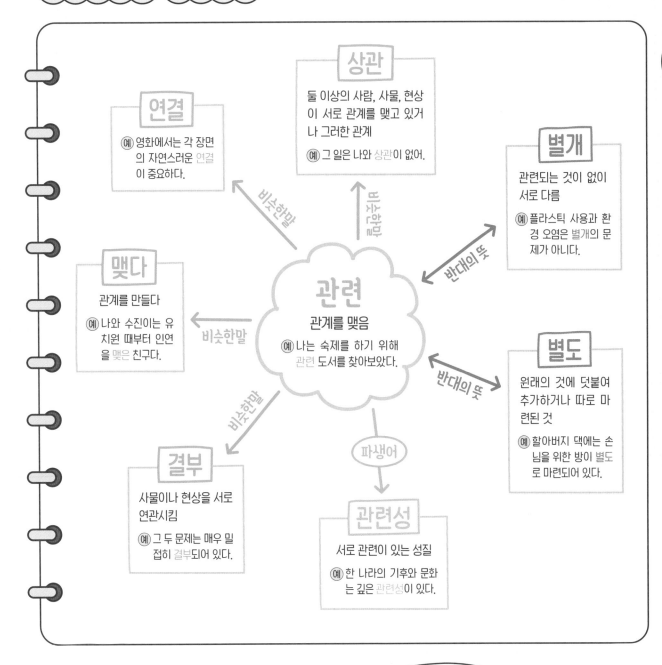

연결

(예) 영화에서는 각 장면의 자연스러운 연결이 중요하다.

상관

둘 이상의 사람, 사물, 현상이 서로 관계를 맺고 있거나 그러한 관계

(예) 그 일은 나와 상관이 없어.

별개

관련되는 것이 없이 서로 다름

(예) 플라스틱 사용과 환경 오염은 별개의 문제가 아니다.

맺다

관계를 만들다

(예) 나와 수진이는 유치원 때부터 인연을 맺은 친구다.

비슷한말

관련

관계를 맺음

(예) 나는 숙제를 하기 위해 관련 도서를 찾아보았다.

반대의 뜻

별도

원래의 것에 덧붙여 추가하거나 따로 마련된 것

(예) 할아버지 댁에는 손님을 위한 방이 별도로 마련되어 있다.

비슷한말

결부

사물이나 현상을 서로 연관시킴

(예) 그 두 문제는 매우 밀접히 결부되어 있다.

파생어

관련성

서로 관련이 있는 성질

(예) 한 나라의 기후와 문화는 깊은 관련성이 있다.

문장으로 확장하기

바늘이 가는 데 실이 항상 뒤따른다는 뜻으로, 사람이나 사물의 관련이 깊어서 떨어질 수 없는 사이를 나타내는 속담이에요.

속담 바늘 가는 데 실 간다

(예) 바늘 가는 데 실 간다고, 주희는 언니와 꼭 붙어다니는구나!

어휘 뜻 확인하기

① 다음 그림을 보고, 빈칸에 들어갈 알맞은 낱말을 [보기]에서 찾아 써 보세요.

> **보기**
>
> | 끊은 | 잊은 | 맺은 | 매운 |
> |---|---|---|---|

나와 수진이는 유치원 때부터 인연을 [   ] 친구다.

➡ _____

② '관련'을 잘 사용했으면 ○표, 잘못 사용했으면 ✕표 해 보세요.

(1) 나는 숙제를 하기 위해 관련 도서를 찾아보았다. (   )

(2) 유민이는 요즘 가수들한테 관련이 정말 많은 것 같아. (   )

③ 아래의 문장에서 빈칸에 들어갈 알맞은 말을 찾아 ○표 해 보세요.

(1) 그 일은 나와 [   ]이 없어. [상관 | 습관]

(2) 영화에서는 각 장면의 자연스러운 [   ](이)가 중요하다. [연휴 | 연결]

(3) 할아버지 댁에는 손님을 위한 방이 [   ]로 마련되어 있다. [별도 | 별로]

④ 밑줄 친 말을 [보기] 중 하나로 바꾸어 올바른 문장으로 고쳐 써 보세요.

> **보기**
>
> | 별로 | 별개 | 공개 | 비공개 |
> |---|---|---|---|

높은 성적과 좋은 성격은 <u>소개</u>의 문제다.

➡ _____

① 다음 그림처럼 '사람이나 사물의 관련이 깊어서 떨어질 수 없는 사이'라는 속담은 무엇일까요?

( )

① 바늘구멍으로 하늘 보기
② 잔디밭에서 바늘 찾기
③ 바늘 도둑이 소도둑 된다
④ 바늘 가는 데 실 간다

② 다음 그림과 관련이 <u>없는</u> 것을 골라 보세요. ( )

① 밴쿠버에서 동계 올림픽이 열렸다.
② 김연아 선수는 밴쿠버 동계 올림픽에
참가했다.
③ 김연아 선수는 축구 선수이다.
④ 김연아 선수는 금메달을 획득했다.

③ 다음 글의 빈칸에 들어갈 낱말로 알맞은 것을 골라 보세요. ( )

독일에서 토마토의 별명은 '늑대의 복숭아'입니다. 옛날 유럽에서는 생김새가 울퉁불퉁하고, 색
깔도 붉고 푸른 토마토에 분명히 독이 있을 것이라 생각했어요. 그래서 토마토를 먹으면 무서
운 늑대로 변할 수도 있다고 믿었지요. 이렇게 토마토의 별명은 토마토의 겉모습에 대한 편견과
[ ] 이 있습니다.

① 관광   ② 관객   ③ 관심   ④ 관련

근거 | 본바탕이나 까닭

어떤 일이나 의견 등에 본바탕이 되는 것이나,
일이나 의견의 까닭을 나타내는 말이에요.

어휘 뜻 익히기

① 위의 그림에서 민하가 초콜릿을 먹었다고 생각한 근거는 무엇인가요? (   )

① 민하의 입 주변에 초콜릿이 묻어 있다.   ② 포장지에서 민하의 지문을 찾았다.
③ 민하의 가방에서 초콜릿을 찾았다.   ④ 민하는 초콜릿을 싫어한다.

② '근거'라는 말이 무슨 뜻일지 짐작해 보고, 알맞은 것에 ○표 해 보세요.

마지막 결과   잘못된 주장   본바탕이나 까닭   마무리나 완성

③ 낱말을 따라 쓰고 소리 내어 읽어 보세요.

근	거				

어휘망으로 확장하기

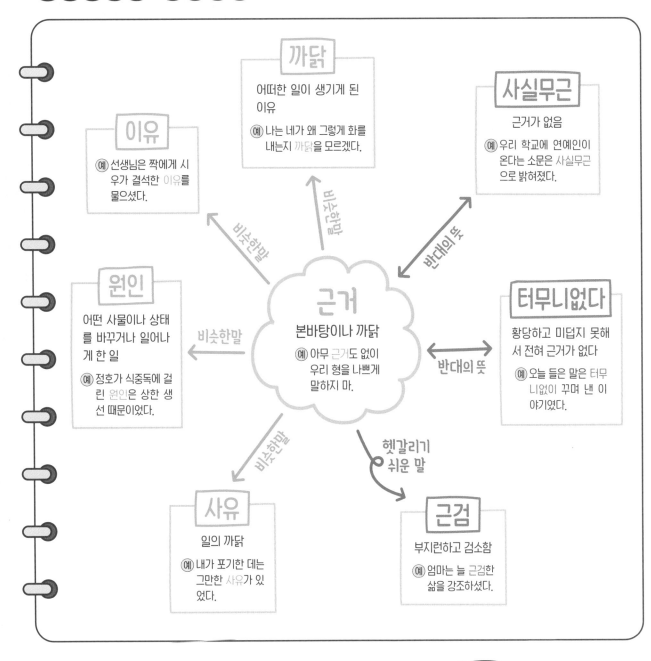

까닭

어떠한 일이 생기게 된 이유

예 나는 네가 왜 그렇게 화를 내는지 까닭을 모르겠다.

사실무근

근거가 없음

예 우리 학교에 연예인이 온다는 소문은 사실무근으로 밝혀졌다.

이유

예 선생님은 짝에게 시우가 결석한 이유를 물으셨다.

원인

어떤 사물이나 상태를 바꾸거나 일어나게 한 일

예 정호가 식중독에 걸린 원인은 상한 생선 때문이었다.

비슷한말

비슷한말

비슷한말

비슷한말

반대의 뜻

반대의 뜻

근거

본바탕이나 까닭

예 아무 근거도 없이 우리 형을 나쁘게 말하지 마.

터무니없다

황당하고 미덥지 못해서 전혀 근거가 없다

예 오늘 들은 말은 터무니없이 꾸며 낸 이야기였다.

헷갈리기 쉬운 말

사유

일의 까닭

예 내가 포기한 데는 그만한 사유가 있었다.

근검

부지런하고 검소함

예 엄마는 늘 근검한 삶을 강조하셨다.

문장으로 확장하기

속담
코에 걸면 코걸이 귀에 걸면 귀걸이

예 어제는 학교에 일찍 온 순서대로 자리에 앉자더니, 오늘은 학교에 늦은 순서대로 앉자고? 정말 코에 걸면 코걸이 귀에 걸면 귀걸이구나!

정확한 근거와 원인을 밝히지 않고 이로운 대로 이유를 붙이는 경우나 보는 처지에 따라 이렇게도 될 수 있고 저렇게도 될 수 있는 경우에 써요.

어휘 뜻 확인하기

① 다음 그림을 보고, 빈칸에 들어갈 알맞은 낱말을 보기에서 찾아 써 보세요.

보기

| 확인 | 개인 | 원인 | 원망 |

정호가 식중독에 걸린 ☐ 은 상한 생선 때문이었다.

➡ _____

② '근거'를 잘 사용했으면 ○표, 잘못 사용했으면 ✕표 해 보세요.

(1) 근거 있는 꿈은 얼른 버리는 것이 좋다. (　　　)

(2) 아무 근거도 없이 남을 나쁘게 말하지 마. (　　　)

③ 아래의 문장에서 빈칸에 들어갈 알맞은 말을 찾아 ○표 해 보세요.

(1) 나는 네가 왜 그렇게 화를 내는지 ☐ 을 모르겠다. 　까닭　까탈

(2) 선생님께서는 짝에게 시우가 결석한 ☐ 를 물으셨다. 　여유　이유

(3) 우리 학교에 연예인이 온다는 소문은 ☐ (으)로 밝혀졌다. 　사이사이　사실무근

④ 밑줄 친 말을 보기 중 하나로 바꾸어 올바른 문장으로 고쳐 써 보세요.

보기

| 터무니없이 | 정직히 | 사실대로 | 거짓 없이 |

오늘 들은 말은 진실로 꾸며 낸 이야기였다.

➡ _____

실전 문제 풀이

1 '정확한 근거와 원인을 밝히지 않고, 이로운 대로 이유를 붙인다'는 뜻의 속담은 무엇일까요?

(   )

① 원숭이도 나무에서 떨어진다

② 코에 걸면 코걸이 귀에 걸면 귀걸이

③ 벼 이삭은 익을수록 고개를 숙인다

④ 엎친 데 덮치다

2 다음 그림에서 민수가 제시한 근거로 적절하지 <u>않은</u> 것을 골라 보세요. (   )

① 스마트폰으로 필요한 자료를 찾을 수 있다.

② 스마트폰으로 게임을 자주 할 수 있다.

③ 스마트폰으로 모르는 단어를 검색할 수 있다.

④ 위험한 일이 생겼을 때 스마트 폰으로 바로 연락할 수 있다.

3 다음 글의 빈칸에 들어갈 낱말로 알맞은 것을 골라 보세요. (   )

> "난 아무래도 바다의 왕이 될 것 같아."
> 멸치는 가자미에게 우쭐대며 말했어요.
> "뭐? 아무런 [   ]도 없이 갑자기 그게 무슨 말이야?"
> "며칠 전에 구름을 타고 하늘을 나는 꿈을 꾸었거든. 망둑어 할아버지 말이 내가 용왕이 되어서 바다를 다스릴 꿈이랬어!"

① 과거   ② 근거   ③ 근심   ④ 제거

1주

19

다양 | 여러 가지
여러 가지 모양이나 종류를 나타낼 때 써요.

어휘 뜻 익히기

① 위의 그림에서 말하는 가수가 잘하는 것은 무엇인가요? (   )

① 게임만 잘한다.　　　　　　② 수업 시간에 친구들과 이야기를 잘한다.

③ 그림만 잘 그린다.　　　　　④ 노래, 작곡, 연기 모두 다양하게 잘한다.

② '다양'이라는 말이 무슨 뜻일지 짐작해 보고, 알맞은 것에 ○표 해 보세요.

오직 하나　　　　여러 가지　　　　하나로 묶음　　　　모두 같음

③ 낱말을 따라 쓰고 소리 내어 읽어 보세요.

다	양			

어휘망으로 확장하기

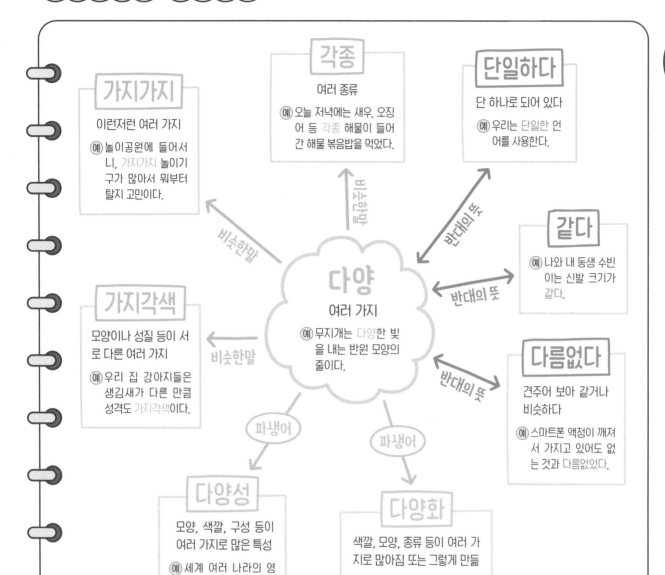

가지가지
이런저런 여러 가지
(예) 놀이공원에 들어서니, 가지가지 놀이기구가 많아서 뭐부터 탈지 고민이다.

각종
여러 종류
(예) 오늘 저녁에는 새우, 오징어 등 각종 해물이 들어간 해물 볶음밥을 먹었다.

단일하다
단 하나로 되어 있다
(예) 우리는 단일한 언어를 사용한다.

비슷한말

반대의 뜻

같다
(예) 나와 내 동생 수빈이는 신발 크기가 같다.

비슷한말

가지각색
모양이나 성질 등이 서로 다른 여러 가지
(예) 우리 집 강아지들은 생김새가 다른 만큼 성격도 가지각색이다.

비슷한말

다양
여러 가지
(예) 무지개는 다양한 빛을 내는 반원 모양의 줄이다.

반대의 뜻

다름없다
견주어 보아 같거나 비슷하다
(예) 스마트폰 액정이 깨져서 가지고 있어도 없는 것과 다름없었다.

반대의 뜻

파생어

파생어

다양성
모양, 색깔, 구성 등이 여러 가지로 많은 특성
(예) 세계 여러 나라의 영화를 보면 문화의 다양성을 알 수 있습니다.

다양화
색깔, 모양, 종류 등이 여러 가지로 많아짐 또는 그렇게 만듦
(예) 컴퓨터의 종류가 다양화되어 선택의 폭이 넓어졌다.

사자성어로 확장하기

남과 사이좋게 지내지만 무턱대고 어울리지는 않는다는 뜻으로, 다양한 의견을 존중할 줄 알면서도 줏대 없이 남의 의견을 따르지 않는다는 말이에요.

사자성어
화이부동(和而不同)

(예) 화이부동하는 사람은 소신*이 뚜렷하다.

*소신: 굳게 믿고 있는 바 또는 생각하는 바

① 다음 그림을 보고, 빈칸에 들어갈 알맞은 낱말을 보기 에서 찾아 써 보세요.

보기

종종	각오	각종	최종

오늘 저녁에는 새우, 오징어 등 ⬜ 해물
이 들어간 해물 볶음밥을 먹었다.

➡ _____

② '다양'을 잘 사용했으면 ○표, 잘못 사용했으면 ✕표 해 보세요.

(1) 신발의 색깔이 다양해서 무엇을 골라야 할지 모르겠다. (　　)
(2) 지희와 서준이는 쌍둥이라서 나이가 다양하다. (　　)

③ 아래의 문장에서 빈칸에 들어갈 알맞은 말을 찾아 ○표 해 보세요.

(1) 놀이공원에 들어서니, ⬜ 놀이기구가 많아서 뭐부터 탈지 고민이다.

가지가지 　 소복소복

(2) 우리 집 강아지들은 생김새가 다른 만큼 성격도 ⬜ 이다.　흐지부지 　 가지각색

(3) 세계 여러 나라의 영화를 보면 문화의 ⬜ 을 느낄 수 있다.　다양성 　 단순성

④ 밑줄 친 말을 보기 중 하나로 바꾸어 올바른 문장으로 고쳐 써 보세요.

보기

다양했다	다름없었다	다짐했다	다급했다

스마트폰 액정이 깨져서 가지고 있어도 없는 것과 다루었다.

➡ _____

① 다음 그림에 어울리는 사자성어는 무엇인가요? (   )

친구들 의견을 들어주면서도
네 뜻을 지키는 게 힘들지?

① 마이동풍(馬耳東風)
② 화이부동(和而不同)
③ 동서남북(東西南北)
④ 엄동설한(嚴冬雪寒)

② 다음 그림을 보고, 아이는 무엇을 살펴보고 있는지 골라 보세요. (   )

눈의 모양은 정말
다양한 크기와 생김새를
가지고 있구나.

① 눈의 온도
② 별자리
③ 달 표면
④ 눈의 모양

③ 다음 글의 빈칸에 들어갈 낱말로 알맞은 것을 골라 보세요. (   )

경북 안동의 '하회 세계탈 박물관'에는 우리나라뿐만 아니라 전 세계의 [   ]한 탈이 전시되어 있습니다. 탈은 시대와 지역에 따른 특성을 담고 있어, 문화사적으로 의미가 깊습니다. 방문객들은 다양한 탈의 종류는 물론, 탈을 만드는 과정과 탈춤 공연 등을 함께 관람할 수 있습니다.

① 다음   ② 다정   ③ 다양   ④ 모양

대책 | 대처할 계획

어떤 상황에 알맞은 행동으로, 대처할 수 있는 계획이나 수단을 나타내는 말이에요.

어휘 뜻 익히기

1 위의 그림에서 아이가 더위를 이기기 위해 생각한 대책은 무엇인가요? (   )

① 아빠와 수영장에 가는 것

② 새로운 선풍기를 사는 것

③ 아빠만 수영장에 가는 것

④ 두꺼운 담요를 덮는 것

2 '대책'이라는 말이 무슨 뜻일지 짐작해 보고, 알맞은 것에 ○표 해 보세요.

대처할 계획   사라질 계획   대신하는 마음   첫 번째 계획

3 낱말을 따라 쓰고 소리 내어 읽어 보세요.

어휘망으로 확장하기

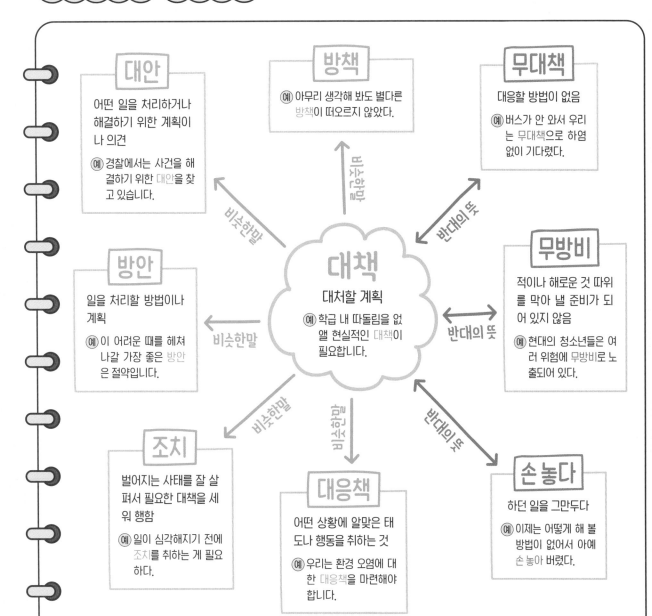

대안
어떤 일을 처리하거나 해결하기 위한 계획이나 의견
(예) 경찰에서는 사건을 해결하기 위한 대안을 찾고 있습니다.

방책
(예) 아무리 생각해 봐도 별다른 방책이 떠오르지 않았다.

무대책
대응할 방법이 없음
(예) 버스가 안 와서 우리는 무대책으로 하염없이 기다렸다.

방안
일을 처리할 방법이나 계획
(예) 이 어려운 때를 헤쳐 나갈 가장 좋은 방안은 절약입니다.

대책
대처할 계획
(예) 학급 내 따돌림을 없앨 현실적인 대책이 필요합니다.

무방비
적이나 해로운 것 따위를 막아 낼 준비가 되어 있지 않음
(예) 현대의 청소년들은 여러 위험에 무방비로 노출되어 있다.

조치
벌어지는 사태를 잘 살펴서 필요한 대책을 세워 행함
(예) 일이 심각해지기 전에 조치를 취하는 게 필요하다.

대응책
어떤 상황에 알맞은 태도나 행동을 취하는 것
(예) 우리는 환경 오염에 대한 대응책을 마련해야 합니다.

손 놓다
하던 일을 그만두다
(예) 이제는 어떻게 해 볼 방법이 없어서 아예 손 놓아 버렸다.

비슷한말 / 반대의 뜻

문장으로 확장하기

속담
소 잃고 외양간 고친다

(예) 도둑이 미술품을 다 가져간 후에야 미술관 보안을 강화하다니, 소 잃고 외양간 고치는구나.

소를 도둑맞은 다음에서야 빈 외양간의 허물어진 데를 고치는 대책을 찾는다는 뜻으로, 일이 이미 잘못된 뒤에는 손을 써도 소용이 없다는 속담이에요.

어휘 뜻 확인하기

① 다음 그림을 보고, 빈칸에 들어갈 알맞은 낱말을 보기 에서 찾아 써 보세요.

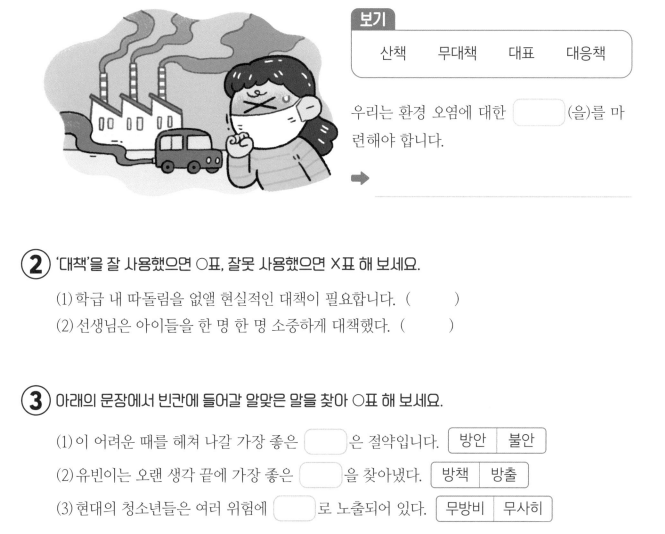

보기

| 산책 | 무대책 | 대표 | 대응책 |

우리는 환경 오염에 대한 [   ] (을)를 마련해야 합니다.

➡ _____

② '대책'을 잘 사용했으면 ○표, 잘못 사용했으면 ✕표 해 보세요.

(1) 학급 내 따돌림을 없앨 현실적인 대책이 필요합니다. (   )
(2) 선생님은 아이들을 한 명 한 명 소중하게 대책했다. (   )

③ 아래의 문장에서 빈칸에 들어갈 알맞은 말을 찾아 ○표 해 보세요.

(1) 이 어려운 때를 헤쳐 나갈 가장 좋은 [   ]은 절약입니다. | 방안 | 불안 |
(2) 유빈이는 오랜 생각 끝에 가장 좋은 [   ]을 찾아냈다. | 방책 | 방출 |
(3) 현대의 청소년들은 여러 위험에 [   ]로 노출되어 있다. | 무방비 | 무사히 |

④ 밑줄 친 말을 보기 중 하나로 바꾸어 올바른 문장으로 고쳐 써 보세요.

보기

| 손 놓아 | 목 놓아 | 발 들고 | 입 열고 |

이제는 어떻게 해 볼 방법이 없어서 아예 <u>눈뜨고</u> 버렸다.

➡ _____

1주

① 다음 그림에 어울리는 속담은 무엇인가요? (   )

① 바늘 가는 데 실 간다
② 소 잃고 외양간 고친다
③ 꿩 먹고 알 먹는다
④ 닭 쫓던 개 지붕 쳐다보듯

② 감염병을 예방하기 위한 행동이 <u>아닌</u> 것을 골라 보세요. (   )

① 마스크를 꼭 쓴다.
② 입을 가리고 기침을 한다.
③ 사람들이 많은 곳에 자주 놀러 간다.
④ 밖에 나갔다가 돌아오면 손을 꼭 씻는다.

③ 다음 글의 빈칸에 들어갈 낱말로 알맞은 것을 골라 보세요. (   )

> 아프리카 케냐의 어느 마을에 오랫동안 가뭄이 계속되고 있었어요. 우물도 말랐고, 식물도 말라 죽어 가고 있었지요. 릴라는 마을의 가장 지혜로운 할아버지를 떠올렸어요.
> "그래, 할아버지라면 분명 좋은 [   ]을 가지고 계실 거야."
> 릴라는 할아버지를 찾아가 가뭄을 어떻게 이겨 내면 좋을지 물어보기로 했어요.

① 대신   ② 산책   ③ 주책   ④ 대책

확인 학습

1 다음 문장에 들어갈 알맞은 낱말을 [보기]에서 찾아 써 보세요.

[보기]

| 관심 | 관리 | 관광 | 관련 |

이번 사고와 지난번 지진은 _____ (이)가 없습니다.

2 '대책'을 잘 사용했으면 ○표, 잘못 사용했으면 ×표 해 보세요.

(1) 이 상황을 해결할 뾰족한 대책이 떠오르지 않는다. (   )
(2) 누나는 걱정이라도 있는 듯 얼굴에 근심이 대책했다. (   )

3 아래의 문장에서 빈칸에 들어갈 알맞은 말을 찾아 ○표 해 보세요.

(1) 이 경기에서 손흥민의 골이 [   ]이었다. | 결정적 | 과정적 |
(2) 나는 커서 선생님이 되겠다고 [   ]했다. | 결승 | 결심 |
(3) 나는 달리기에서 1등을 하겠다고 [   ]. | 마음먹었다 | 마음 쓰였다 |

4 밑줄 친 말을 [보기] 중 하나로 바꾸어 올바른 문장으로 고쳐 써 보세요.

[보기]

| 다양 | 소양 | 사양 | 모양 |

온라인 쇼핑몰은 컴퓨터의 종류가 부족해서 선택의 폭이 넓다.

➡ _____

5 다음 문장의 순서가 바르게 되도록 다시 써 보세요.

| 상한 생선으로 / 원인은 / 밝혀졌다. / 식중독의 |

➡ _____

종합 문제

1 '사람이나 사물의 관련이 깊어서 떨어질 수 없는 사이'라는 속담은 무엇일까요? (   )

① 바늘 도둑이 소도둑 된다

② 급하면 바늘허리에 실 매어 쓸까

③ 바늘 가는 데 실 간다

④ 무쇠도 갈면 바늘 된다

2 아이의 말에 대한 대책으로 적절하지 <u>않은</u> 것을 골라 보세요. (   )

책을 안 읽어 버릇해서, 3줄이 넘는 글을 못 읽겠어. 좋은 방법이 없을까?

① 독서 기록장을 만든다.

② 좋은 책은 서로 추천한다.

③ 독서 시간에 몰래 게임을 한다.

④ 약속한 시각에 다 같이 책을 읽는다.

3 다음 글의 빈칸에 들어갈 낱말로 알맞은 것을 골라 보세요. (   )

마을에 나타난 고양이 때문에 하루하루가 불안한 생쥐들은 회의를 열었어요.

"이러다간 우리 모두 저 고양이에게 잡아먹히고 말 거야. 무슨 좋은 방법이 없을까?"

생쥐들은 머리를 맞대고 생각했어요. 그리고 [   ] 방법을 하나씩 말했지요.

"이건 어때? 마을의 모든 생쥐가 다 같이 고양이에게 덤벼드는 거야!"

생쥐 친구들은 고개를 절레절레 흔들었어요.

"아무리 힘을 합친다고 한들 저 커다란 고양이를 어떻게 이기겠어? 말도 안 돼."

① 유일한   ② 다만   ③ 다름없는   ④ 다양한

부정 | 반대

그렇지 않다고 생각하거나, 옳지 않다고 반대하는 것을 나타낼 때 써요.

어휘 뜻 익히기

① 위의 그림에서 수빈이는 무엇을 부정했나요? (　　　　)

① 혜미를 싫어하는 것

② 얼굴이 붉어지는 것

③ 혜미를 좋아하는 것

④ 거짓말을 못 하는 것

② '부정'이라는 말이 무슨 뜻일지 짐작해 보고, 알맞은 것에 ○표 해 보세요.

찬성 　　　 옳음 　　　 반대 　　　 칭찬 　　　 긍정

③ 낱말을 따라 쓰고 소리 내어 읽어 보세요.

부	정					

어휘망으로 확장하기

2주

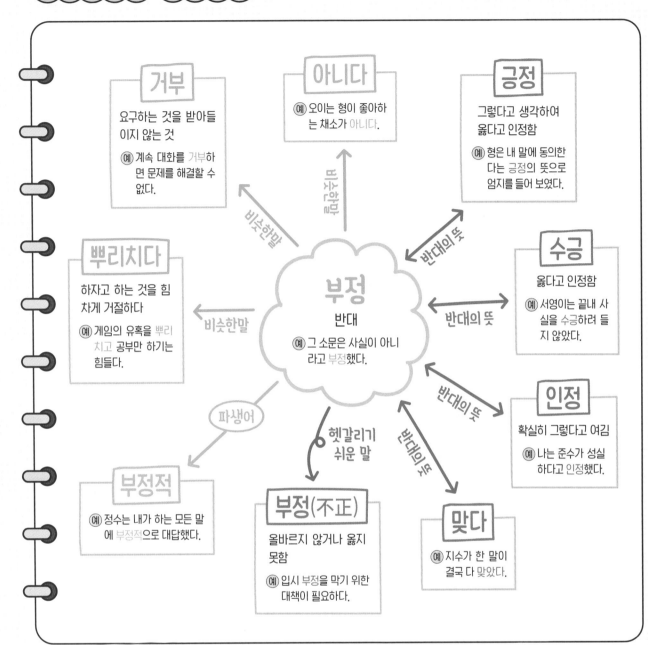

거부
요구하는 것을 받아들이지 않는 것
예 계속 대화를 거부하면 문제를 해결할 수 없다.

아니다
예 오이는 형이 좋아하는 채소가 아니다.

긍정
그렇다고 생각하여 옳다고 인정함
예 형은 내 말에 동의한다는 긍정의 뜻으로 엄지를 들어 보였다.

뿌리치다
하자고 하는 것을 힘차게 거절하다
예 게임의 유혹을 뿌리치고 공부만 하기는 힘들다.

비슷한말

부정
반대
예 그 소문은 사실이 아니라고 부정했다.

수긍
옳다고 인정함
예 서영이는 끝내 사실을 수긍하려 들지 않았다.

인정
확실히 그렇다고 여김
예 나는 준수가 성실하다고 인정했다.

파생어

부정적
예 정수는 내가 하는 모든 말에 부정적으로 대답했다.

헷갈리기 쉬운 말

부정(不正)
올바르지 않거나 옳지 못함
예 입시 부정을 막기 위한 대책이 필요하다.

맞다
예 지수가 한 말이 결국 다 맞았다.

반대의 뜻

문장으로 확장하기

속담 한 마리 고기가 온 강물을 흐린다

예 한 마리 고기가 온 강물을 흐린다더니, 네가 떠드는 바람에 다들 공부를 못 하고 있잖아.

대수롭지 않은 존재의 부정적인 행동이 온 집단에 나쁜 영향을 끼침을 비유적으로 이르는 말이에요.

어휘 뜻 확인하기

① 다음 그림을 보고, 빈칸에 들어갈 알맞은 낱말을 보기 에서 찾아 써 보세요.

보기

| 맞다 | 아니다 | 모른다 | 그렇다 |

오이는 형이 좋아하는 채소가 [   ].

➡ _____

② '부정'을 잘 사용했으면 ○표, 잘못 사용했으면 ✕표 해 보세요.

(1) 그 소문은 사실이 아니라고 부정했다. (   )
(2) 월드컵에서 우승한 브라질은 누구나 부정하는 축구의 나라다. (   )

③ 아래의 문장에서 빈칸에 들어갈 알맞은 말을 찾아 ○표 해 보세요.

(1) 게임의 유혹을 [   ] 공부만 하기는 힘들다. [뿌리치고 뿌듯하고]
(2) 계속 대화를 [   ] 하면 문제를 해결할 수 없다. [거부 거의]
(3) 서영이는 끝내 사실을 [   ] 하려 들지 않았다. [수긍 수고]

④ 밑줄 친 말을 보기 중 하나로 바꾸어 올바른 문장으로 고쳐 써 보세요.

보기

| 부정 | 긍정 | 거부 | 거절 |

형은 내 말에 동의한다는 <u>경험</u>의 뜻으로 엄지를 들어 보였다.

➡ _____

1 다음 그림에 어울리는 속담은 무엇인가요? (   )

① 고기는 씹어야 맛을 안다
② 물이 깊어야 고기가 모인다
③ 물고기는 물을 떠나 살 수 없다
④ 한 마리 고기가 온 강물을 흐린다

2 다음 그림의 말풍선에 들어갈 말로 적절한 것을 골라 보세요. (   )

엄마, 시험을 망친 것 같아요.

?

① 긍정적으로 말하니 좋구나!
② 부정적으로 말하니 좋구나!
③ 그렇게 긍정적인 태도를 유지하자.
④ 열심히 했으니 부정적으로 생각하지 않아도 돼.

3 다음 글의 빈칸에 들어갈 낱말로 알맞은 것을 골라 보세요. (   )

거인이 여행 간 틈을 타, 아이들은 정원에서 즐겁게 놀고 있었어요. 거인의 정원은 아이들이 마음껏 뛰어놀 수 있을 만큼 넓었어요. 맛있는 과일, 아름다운 꽃, 푸른 나무가 정원에 가득했지요. 그때였어요. 여행에서 돌아온 거인이 화가 나 소리쳤어요.
"내 정원에서 뭐 하는 거야! 이곳은 아무나 들어올 수 있는 곳이 (   )!"

① 반가워   ② 맞아   ③ 아니야   ④ 인정해

비교

같거나 다른 점을 살핌
둘 이상의 것을 함께 놓고 어떤 점이 같고 다른지 살펴보는 것을 뜻해요.

민수는 나와 비교도 되지 않을 만큼 똑똑해서 부러워요.

민아는 피아노 연주도 잘하고, 말도 예쁘게 하잖니?

사람마다 잘하고, 좋아하는 건 다 다르단다.

역시 아빠는 다른 누구와도 비교할 수 없을 만큼 다정하세요!

어휘 뜻 익히기

① 위의 그림에서 민아가 민수와 비교해서 부러워한 것은 무엇일까요? (   )

① 아빠를 사랑하는 것
② 피아노 연주를 잘하는 것
③ 상을 받을 만큼 똑똑한 것
④ 말을 예쁘게 하는 것

② '비교'라는 말이 무슨 뜻일지 짐작해 보고, 알맞은 것에 ○표 해 보세요.

같거나 다른 점을 살핌   틀린 점을 바르게 고침   흩어져 있는 것을 모음

③ 낱말을 따라 쓰고 소리 내어 읽어 보세요.

비	교						

어휘망으로 확장하기

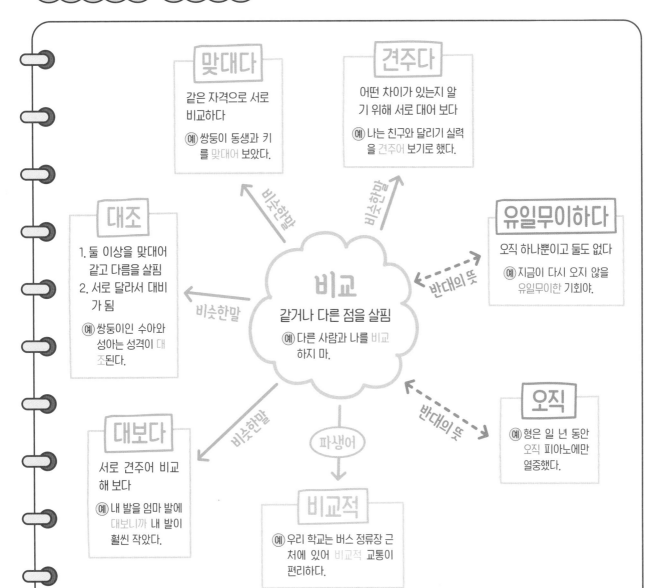

맞대다
같은 자격으로 서로 비교하다
(예) 쌍둥이 동생과 키를 맞대어 보았다.

견주다
어떤 차이가 있는지 알기 위해 서로 대어 보다
(예) 나는 친구와 달리기 실력을 견주어 보기로 했다.

대조
1. 둘 이상을 맞대어 같고 다름을 살핌
2. 서로 달라서 대비가 됨
(예) 쌍둥이인 수아와 성아는 성격이 대조된다.

유일무이하다
오직 하나뿐이고 둘도 없다
(예) 지금이 다시 오지 않을 유일무이한 기회야.

비교
같거나 다른 점을 살핌
(예) 다른 사람과 나를 비교하지 마.

비슷한말
비슷한말
비슷한말
비슷한말
반대의 뜻
반대의 뜻
파생어

대보다
서로 견주어 비교해 보다
(예) 내 발을 엄마 발에 대보니까 내 발이 훨씬 작았다.

오직
(예) 형은 일 년 동안 오직 피아노에만 열중했다.

비교적
(예) 우리 학교는 버스 정류장 근처에 있어 비교적 교통이 편리하다.

2주

문장으로 확장하기

속담
가재는 게 편
비교했을 때 모양과 형편이 비슷하고 인연이 있는 것끼리 어울리고, 감싸 주기 쉽다는 속담
(예) 가재는 게 편이라고 수빈이는 앞뒤 상황을 보지 않고 동생 편만 들었다.

관용어
비교도 되지 않다
어느 것이 매우 뛰어나 다른 것이 견줄 만한 가치도 없다는 말
(예) 연주는 다른 선수들과는 비교도 되지 않을 정도로 달리기를 잘한다.

어휘 뜻 확인하기

1 다음 그림을 보고, 빈칸에 들어갈 알맞은 낱말을 보기 에서 찾아 써 보세요.

보기

| 견주어 | 힘주어 | 견디어 | 가두어 |

나는 친구와 달리기 실력을 [　　　] 보기로 했다.

➡ _____

2 '비교'를 잘 사용했으면 ○표, 잘못 사용했으면 ✕표 해 보세요.

(1) 다른 사람과 나를 비교하지 마. (　　　)

(2) 걸음이 느린 친구와 발걸음을 맞추려고 천천히 비교했다. (　　　)

3 아래의 문장에서 빈칸에 들어갈 알맞은 말을 찾아 ○표 해 보세요.

(1) 쌍둥이 동생과 키를 [　　] 보았다. 　맞대어　맞물려

(2) 내 발을 엄마 발에 [　　] 내 발이 훨씬 작았다. 　대하니까　대보니까

(3) 지금이 다시 오지 않을 [　　] 한 기회야. 　유일무이　유유상종

4 밑줄 친 말을 보기 중 하나로 바꾸어 올바른 문장으로 고쳐 써 보세요.

보기

| 감동적 | 부정적 | 비교적 | 긍정적 |

우리 학교는 버스 정류장이 근처에 있어 <u>대조적</u> 교통이 편리하다.

➡ _____

1 다음 그림처럼 '비교했을 때 모양과 형편이 비슷하고 인연이 있는 것끼리 어울리고, 감싸 주기 쉽다'는 속담은 무엇일까요? (   )

삐걱
삐걱

내 동생이 저 가수보다 훨씬 잘하네.

① 가재는 게 편
② 소 잃고 외양간 고친다
③ 닭 쫓던 개 지붕 쳐다보듯
④ 게를 똑바로 기어가게 할 수는 없다

2주

2 나비와 나방을 비교하여 공통점이 아닌 것을 골라 보세요. (   )

낮

밤

나비   나방

① 곤충이다.
② 날개가 있다.
③ 더듬이가 있다.
④ 밤에만 활동한다.

3 다음 글의 빈칸에 들어갈 낱말로 알맞은 것을 골라 보세요. (   )

> 하루는 심술쟁이 큰 물고기가 작은 물고기를 놀려 댔어요.
> "작은 물고기야, 나랑 몸집 좀 [   ] 해 볼래? 하하하! 너 정말 작구나. 그 작은 몸으로 뭘 할 수 있겠니?"
> 큰 물고기의 놀림에 작은 물고기는 슬퍼졌어요.
> 그러던 어느 날, 낚시꾼이 물고기들을 잡기 위해 커다란 그물을 쳤어요. 그러자 몸집이 큰 물고기는 그물에 걸렸지만, 작은 물고기는 쉽게 빠져나갈 수 있었지요.

① 비교   ② 비슷   ③ 비밀   ④ 비난

생략 | 간단하게 줄임
전체에서 일부분을 줄이거나 빼서 간단하게 만드는 것을 나타내는 말이에요.

어휘 뜻 익히기

1 위의 그림에서 알 수 <u>없는</u> 것은 무엇인가요? (   )

① 동생이 언니의 생일 선물을 준비했다.   ② 동생이 언니의 생일을 축하하고 있다.

③ 언니는 동생의 생일에 선물을 주지 않았다.   ④ 언니는 선물이 꽤 생략되었다고 생각한다.

2 '생략'이라는 말이 무슨 뜻일지 짐작해 보고, 알맞은 것에 ○표 해 보세요.

| 자세하게 늘림 | 간단하게 줄임 | 튼튼하게 만듦 | 재미있게 만듦 |

3 낱말을 따라 쓰고 소리 내어 읽어 보세요.

생	략					

어휘망으로 확장하기

2주

줄다

(예) 새로운 편의점이 생기자, 기존 가게의 손님이 줄었다.

빼다

(예) 쓸데없는 것은 빼고 꼭 필요한 물건만 사자.

더하다

(예) 김치찌개는 재료를 볶다가 물만 더해서 끓이면 된다.

비슷한말

반대의 뜻

생략
간단하게 줄임

(예) 어제 설명한 부분은 생략하고, 그 뒤부터 설명하겠습니다.

덜다

일정한 수량이나 정도에서 일부를 떼어 줄이거나 적게 하다

(예) 배낭이 무거우니 짐을 좀 더는 게 어떨까?

비슷한말

덧붙이다

원래 있던 것에 다른 것을 더하거나 군더더기를 딸리게 하다

(예) 언니는 정답지를 주면서 문제를 다 풀고 보라는 말을 덧붙였다.

반대의 뜻

반대의 뜻

반대의 뜻

보태다

부족한 것을 더하여 채우다 또는 있던 것에 더하여 많아지게 하다

(예) 형은 환경 운동에 힘을 보태고 있다.

부연

이해하기 쉽도록 설명을 덧붙여 자세히 말함

(예) 그는 자신의 생각을 말한 후, 아직은 실험 단계라고 부연했다.

사자성어로 확장하기

사자성어
거두절미(去頭截尾)

(예) 거두절미하고 핵심만 말씀해 주십시오.

머리와 꼬리를 잘라 버린다는 뜻으로, 중요하지 않은 내용은 생략하고 요점만 간단히 말한다는 뜻이에요.

1 다음 그림을 보고, 빈칸에 들어갈 알맞은 낱말을 보기 에서 찾아 써 보세요.

보기

| 더는 | 더하는 | 보태는 | 넣는 |

가방이 무거워 보이는데 짐을 좀 [ ] 게 어떨까?

➡ _____

2 '생략'을 잘 사용했으면 ○표, 잘못 사용했으면 ✗표 해 보세요.

(1) 어제 설명한 부분은 생략하고, 그 뒤부터 설명하겠습니다. (   )

(2) 우리 수영장 갈 건데 너도 생략해서 같이 가자. (   )

3 아래의 문장에서 빈칸에 들어갈 알맞은 말을 찾아 ○표 해 보세요.

(1) 새로운 편의점이 생기자, 기존 가게의 손님이 [ ]. | 키웠다 | 줄었다 |

(2) 쓸데없는 것은 [ ] 꼭 필요한 물건만 사자. | 함께 | 빼고 |

(3) 김치찌개는 재료를 볶다가 물만 [ ] 끓이면 된다. | 말해서 | 더해서 |

4 밑줄 친 말을 보기 중 하나로 바꾸어 올바른 문장으로 고쳐 써 보세요.

보기

| 끝내고 | 보태고 | 버리고 | 덜고 |

살 곳이 사라진 북극곰을 보고, 나는 환경 운동에 힘을 <u>없애고</u> 싶어졌다.

➡ _____

① 다음 그림에 어울리는 사자성어는 무엇인가요? (   )

① 거두절미(去頭截尾)
② 호가호위(狐假虎威)
③ 화룡점정(畵龍點睛)
④ 일석이조(一石二鳥)

② 다음 그림에서 생략할 수 없는 것을 골라 보세요. (   )

① 주소
② 나이
③ 전화번호
④ 답

③ 다음 글의 빈칸에 들어갈 낱말로 알맞은 것을 골라 보세요. (   )

단어 일부분이 줄어든 말이나 여러 단어를 한 단어로 [   ] 만든 말을 줄임말이라고 합니다.
요즘은 많은 사람이 긴 단어를 짧게 줄여 말하고 있습니다. 심지어 많은 사람의 관심 속에 치러
지는 대통령 선거까지 다양한 줄임말이 등장합니다. 이것은 그만큼 줄임말이 우리 생활 속에
깊게 뿌리내렸음을 의미하기도 합니다.

① 줄여서   ② 더해서   ③ 보태서   ④ 버려서

실제

| 사실
있는 그대로의 사실이나, 상상이 아닌 현실을
나타낼 때 써요.

어휘 뜻 익히기

1 위의 그림에서 지훈이가 실제로 본 소감이 <u>아닌</u> 것은 무엇인가요? (　　　)

① 웅장하다.　　　② 화려하다.　　　③ 볼품없었다.　　　④ 숲속에 있는 기분이었다.

2 '실제'라는 말이 무슨 뜻일지 짐작해 보고, 알맞은 것에 ○표 해 보세요.

가짜　　　　허구　　　　사실　　　　거짓　　　　꾸밈

3 낱말을 따라 쓰고 소리 내어 읽어 보세요.

실	제			

어휘망으로 확장하기

2주

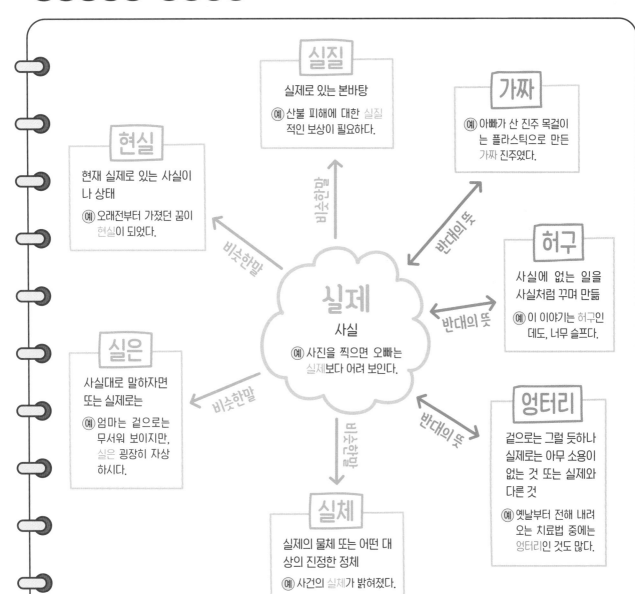

실질

실제로 있는 본바탕

㉮ 산불 피해에 대한 실질적인 보상이 필요하다.

가짜

㉮ 아빠가 산 진주 목걸이는 플라스틱으로 만든 가짜 진주였다.

현실

현재 실제로 있는 사실이나 상태

㉮ 오래전부터 가졌던 꿈이 현실이 되었다.

비슷한말

반대의 뜻

허구

사실에 없는 일을 사실처럼 꾸며 만듦

㉮ 이 이야기는 허구인데도, 너무 슬프다.

실제

사실

㉮ 사진을 찍으면 오빠는 실제보다 어려 보인다.

반대의 뜻

실은

사실대로 말하자면 또는 실제로는

㉮ 엄마는 겉으로는 무서워 보이지만, 실은 굉장히 자상하시다.

비슷한말

엉터리

겉으로는 그럴 듯하나 실제로는 아무 소용이 없는 것 또는 실제와 다른 것

㉮ 옛날부터 전해 내려오는 치료법 중에는 엉터리인 것도 많다.

반대의 뜻

비슷한말

실체

실제의 물체 또는 어떤 대상의 진정한 정체

㉮ 사건의 실체가 밝혀졌다.

문장으로 확장하기

겉보기에는 먹음직스러운 빛깔을 띠고 있지만, 맛은 없는 개살구라는 뜻으로, 겉만 그럴 듯하고 실제 내용이나 이익은 없다는 속담이에요.

㈜ 빛 좋은 개살구*

㉮ 운동화가 편해 보여서 샀는데, 발이 이렇게 아픈 걸 보니 빛 좋은 개살구였다.

*개살구: 개살구나무의 열매로, 살구보다 맛이 시고 떫음

어휘 뜻 확인하기

1 다음 그림을 보고, 빈칸에 들어갈 알맞은 낱말을 보기 에서 찾아 써 보세요.

보기

| 사이 | 사용 | 친구 | 허구 |

그 영화는 [   ]인데도, 너무 슬프고 감동적이었다.

➡ _____

2 '실제'를 잘 사용했으면 ○표, 잘못 사용했으면 ✕표 해 보세요.

(1) 이 노래는 가수가 실제로 겪은 이야기를 가사로 썼다고 한다. (   )
(2) 사자 조각상을 보고 놀란 언니는 실제 사자인 것을 알고 안도했다. (   )

3 아래의 문장에서 빈칸에 들어갈 알맞은 말을 찾아 ○표 해 보세요.

(1) 오래전부터 가졌던 꿈이 [   ]이 되었다. [현상 | 현실]
(2) 산불 피해에 대한 [   ]적인 보상이 필요하다. [실질 | 밀실]
(3) 옛날부터 전해 내려오는 치료법 중에는 [   ]인 것도 많다. [엉터리 | 언뜻]

4 밑줄 친 말을 보기 중 하나로 바꾸어 올바른 문장으로 고쳐 써 보세요.

보기

| 가짜 | 사실 | 가면 | 진실 |

아빠가 산 진주 목걸이는 플라스틱으로 만든 <u>진짜</u> 진주였다.

➡ _____

1 다음 그림에 어울리는 속담은 무엇인가요? (   )

사람들이 엄청 칭찬하고 광고도 많이 하던데, 맛이 하나도 없잖아!

① 누워서 떡 먹기
② 빛 좋은 개살구
③ 터를 닦아야 집을 짓는다
④ 평안 감사도 저 싫으면 그만이다

2 다음 그림에 실제로 등장하지 않는 것을 골라 보세요. (   )

① 태양
② 행성
③ 우주선
④ 우주 해바라기

3 다음 글의 빈칸에 들어갈 낱말로 알맞은 것을 골라 보세요. (   )

임금님은 왕관을 잘 만든다는 노인을 불렀어요.
"귀가 보이지 않는 새 왕관을 만들어 다오."
고개를 들어 임금님의 귀를 본 노인은 깜짝 놀랐습니다.
'어이쿠! 당나귀 귀처럼 커다란 귀를 가진 사람이 있다는 소문은 들어 보았지만, ☐☐로 있
을 줄이야! 그리고 그게 바로 임금님이었다니.'
노인은 커다란 귀를 보고 웃음이 터져 나올 뻔했지만, 꾹 참았어요.

① 실수   ② 실제   ③ 숙제   ④ 문제

요약

중요한 것만 짧게 정리함
말이나 글에서 중요한 것을 골라 짧게 정리하는
것을 나타낼 때 써요.

어휘 뜻 익히기

① 위의 그림에서 언니가 요약해야 하는 것은 무엇인가요? (   )

① 영화 내용   ② 소설 내용   ③ 방학 숙제   ④ 자신의 주장

② '요약'이라는 말이 무슨 뜻일지 짐작해 보고, 알맞은 것에 ○표 해 보세요.

중요한 것을 길게 만듦   중요한 것만 짧게 정리함   어려운 것을 풀이함

③ 낱말을 따라 쓰고 소리 내어 읽어 보세요.

요	약				

어휘망으로 확장하기

2주

축약

줄여서 간단하게 함

(예) 할아버지의 주름진 얼굴에는 오랜 삶이 축약된 듯했다.

요점

가장 중요하고 중심이 되는 것

(예) 선생님께서는 발표자에게 요점만 간단히 말하라고 하셨다.

집약

하나에 집중하여 모음 또는 한데 모아서 요약함

(예) 세계의 역사가 이 책 한 권에 집약되어 있습니다.

비슷한말

비슷한말

비슷한말

요약

중요한 것만 짧게 정리함

(예) 요약된 글을 읽고 재미있어서 전체 내용을 찾아보았다.

늘어놓다

1. 줄을 지어 벌여 놓다
2. 여러 가지 일을 한꺼번에 벌여 놓다
3. 수다스럽게 말을 많이 하다

(예) 희수는 잘못을 인정하지 않고, 변명만 늘어놓았다.

반대의 뜻

대략

대충 줄거리만 추려서 또는 대충 어림잡아서

(예) 사건을 대략 설명하겠습니다.

비슷한말

반대의 뜻

반대의 뜻

풀이하다

모르거나 어려운 것을 알기 쉽게 밝혀 말하다

(예) 이 책은 어려운 수학 공식을 쉽게 풀이해 놓았다.

장황하다

매우 길고 번거롭다

(예) 회장의 연설은 너무 장황하여 앞뒤를 종잡을 수가 없었다.

사자성어로 확장하기

사자성어

단도직입(單刀直入)

(예) 단도직입적으로 말해서, 이건 한 시간 안에 할 수 없어!

혼자서 칼 한 자루를 들고 적진으로 곧장 쳐들어간다는 말로, 여러 말을 늘어놓지 않고 바로 요점을 말한다는 뜻이에요.

어휘 뜻 확인하기

1 다음 그림을 보고, 빈칸에 들어갈 알맞은 낱말을 보기 에서 찾아 써 보세요.

보기

| 축제 | 축약 | 계약 | 만약 |

할아버지의 주름진 얼굴에는 오랜 삶이 ☐ 되어 있는 듯했다.

➡ _____

2 '요약'을 잘 사용했으면 ○표, 잘못 사용했으면 ✕표 해 보세요.

(1) 요약된 글을 읽고 재미있어서 전체 내용을 찾아보았다. (   )

(2) 용돈을 다 써 버려서 부모님께 요약했다. (   )

3 아래의 문장에서 빈칸에 들어갈 알맞은 말을 찾아 ○표 해 보세요.

(1) 선생님께서는 발표자에게 ☐ 만 간단히 말하라고 하셨다.　요점 | 요즘

(2) 세계의 역사가 이 책 한 권에 ☐ 되어 있습니다.　계약 | 집약

(3) 희수는 잘못을 인정하지 않고, 변명만 ☐.　늘어놓았다 | 챙겨 놓았다

4 밑줄 친 말을 보기 중 하나로 바꾸어 올바른 문장으로 고쳐 써 보세요.

보기

| 섞어 | 풀이해 | 흔들어 | 적절해 |

이 책은 어려운 수학 공식을 쉽게 <u>생략해</u> 놓았다.

➡ _____

1 '여러 말을 늘어놓지 않고 바로 요점을 말한다'는 뜻의 사자성어는 무엇일까요? (   )

① 낙화유수(落花流水)   ② 단도직입(單刀直入)

③ 다사다난(多事多難)   ④ 막역지우(莫逆之友)

2 다음 대화 내용을 요약한 것으로 적절한 것을 골라 보세요. (   )

① 세종 대왕은 나라를 지키지 못했다.

② 세종 대왕은 오직 음악만을 사랑했다.

③ 세종 대왕은 한글을 만들 이유가 없었다.

④ 세종 대왕은 과학, 언어, 예술 등 많은 분야에 업적을 남겼다.

3 다음 글의 빈칸에 들어갈 낱말로 알맞은 것을 골라 보세요. (   )

과학 시험을 보는 날이었다. 외울 것도 많은데 며칠 전부터 열이 많이 나고 아파서 공부를 전혀
하지 못했다. 뭘 공부해야 할지도 몰라서 멍하니 앉아 있는데, 경훈이가 공책 한 권을 내밀었다.
중요한 내용만 [   ] 해 놓았으니 이거라도 얼른 외워서 시험을 보라고 했다. 너무 고마워서
눈물이 찔끔 나왔다.

① 정확   ② 생각   ③ 요약   ④ 생략

확인 학습

1 다음 문장에 들어갈 알맞은 낱말을 보기 에서 찾아 써 보세요.

> **보기**
>
> 문제로   실제로   실패로   실수로

이 만화에 나오는 주인공들은 _____ 존재하지는 않는다.

2 '생략'을 잘 사용했으면 ○표, 잘못 사용했으면 X표 해 보세요.

(1) 시간이 없으니 인사는 생략하고 바로 회의를 시작합시다. (   )

(2) 나는 시훈이가 그렇게 생략 없는 행동을 할 줄 몰랐어. (   )

3 아래의 문장에서 빈칸에 들어갈 알맞은 말을 찾아 ○표 해 보세요.

(1) 태훈이는 모든 일을 ⬜ 적으로 생각해서 불만이 많다. │ 부정 │ 긍정 │

(2) 나는 준수가 성실하다고 ⬜ 했다. │ 인상 │ 인정 │

(3) 게임의 유혹을 ⬜ 공부만 하기는 힘들다. │ 뿌리치고 │ 사용하고 │

4 밑줄 친 말을 보기 중 하나로 바꾸어 올바른 문장으로 고쳐 써 보세요.

> **보기**
>
> 약속   요약   만약   요리

서연이는 시간 안에 발표하려고 10장으로 된 보고서를 1장으로 풀이했다.

➡ _____

5 다음 문장의 순서가 바르게 되도록 다시 써 보세요.

> 훨씬 작았다.   /   비교해 보니   /   내 발과 엄마 발을   /   내 발이

➡ _____

'머리와 꼬리를 잘라 버린다'는 뜻으로, 중요하지 않은 내용은 생략하고 요점만 간단히 말한다는 사자성어는 무엇일까요? (   )

① 호시탐탐(虎視眈眈)

② 용두사미(龍頭蛇尾)

③ 거두절미(去頭截尾)

④ 삼삼오오(三三五五)

 연필의 크기를 비교한 말로 알맞지 <u>않은</u> 것을 골라 보세요. (   )

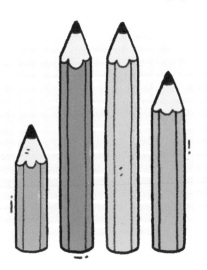

① 파란색 연필과 노란색 연필은 크기가 같다.

② 분홍색 연필은 크기가 가장 작다.

③ 초록색 연필은 파란색보다 작고, 분홍색보다 크다.

④ 초록색 연필은 가장 크다.

 다음 글의 빈칸에 들어갈 낱말로 알맞은 것을 골라 보세요. (   )

> 갑자기 땅이 흔들리면서 동굴 문이 닫히기 시작했어요.
> "알라딘, 무슨 짓을 한 거냐! 내가 램프만 가지고 나오랬잖아!"
> "죄송해요, 삼촌. 우선 저를 꺼내 주세요."
> 하지만 자파는 알라딘의 손을 [   ] 말했어요.
> "그 램프부터 이리 내놔!"

① 흩날리며   ② 뿌리치며   ③ 감싸 주며   ④ 소리치며

원칙 | 지켜야 하는 규칙

어떤 행동이나 이론 등에서 변함없이 지켜야 하는
기본적인 규칙이나 법칙을 나타내는 말이에요.

어휘 뜻 익히기

1 위의 그림에서 회사의 바뀌기 전 원칙은 무엇이었나요? (　　　)

① 정장을 입는 것 　　　　　　② 청바지를 입는 것

③ 옷을 자유롭게 입는 것 　　　④ 패션쇼를 하는 것

2 '원칙'이라는 말이 무슨 뜻일지 짐작해 보고, 알맞은 것에 ○표 해 보세요.

 어겨도 되는 약속　　 규칙을 깨뜨리는 것　　 지켜야 하는 규칙　　 지키지 않아도 되는 일

3 낱말을 따라 쓰고 소리 내어 읽어 보세요.

원	칙				

어휘망으로 확장하기

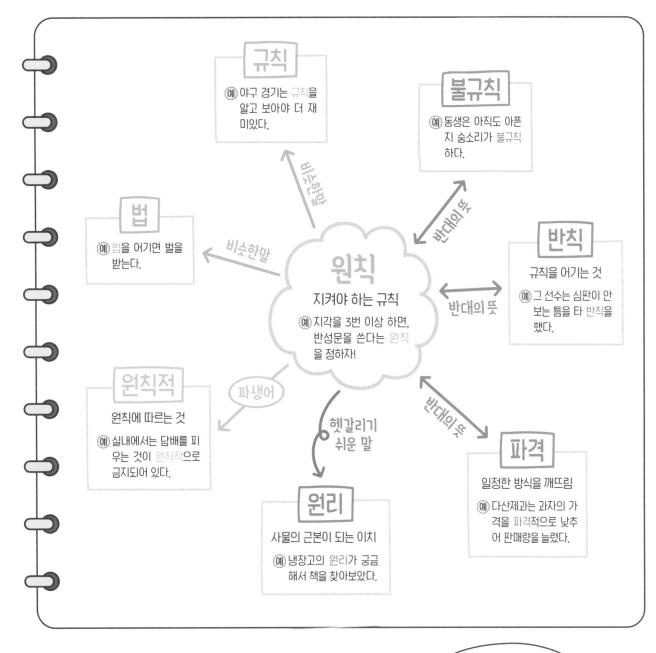

규칙
(예) 야구 경기는 규칙을 알고 보아야 더 재미있다.

불규칙
(예) 동생은 아직도 아픈지 숨소리가 불규칙하다.

법
(예) 법을 어기면 벌을 받는다.

원칙
지켜야 하는 규칙
(예) 지각을 3번 이상 하면, 반성문을 쓴다는 원칙을 정하자!

반칙
규칙을 어기는 것
(예) 그 선수는 심판이 안 보는 틈을 타 반칙을 했다.

원칙적
원칙에 따르는 것
(예) 실내에서는 담배를 피우는 것이 원칙적으로 금지되어 있다.

원리
사물의 근본이 되는 이치
(예) 냉장고의 원리가 궁금해서 책을 찾아보았다.

파격
일정한 방식을 깨뜨림
(예) 다산제과는 과자의 가격을 파격적으로 낮추어 판매량을 늘렸다.

비슷한말 / 반대의 뜻 / 반대의 뜻 / 반대의 뜻 / 파생어 / 헷갈리기 쉬운 말 / 비슷한말

3주

문장으로 확장하기

속담
베는 석 자*라도 틀은 틀대로 해야 된다

(예) 베는 석 자라도 틀은 틀대로 해야 된다고 했어. 얕은 물이지만 안전 장비는 꼭 착용하고 들어가야 해.

겨우 석 자짜리 베를 짜려고 해도 베틀 차리기는 마찬가지라는 뜻으로, 사소하거나 급하다고 해서 원칙을 무시할 수 없다는 속담이에요.

*자: 옛날에 길이를 재는 단위로 한 자는 약 30센티미터

어휘 뜻 확인하기

1 다음 그림을 보고, 빈칸에 들어갈 알맞은 낱말을 보기 에서 찾아 써 보세요.

보기

규격	규칙	반칙	도덕

야구 경기는 [   ]을 알고 보아야 더 재미있다.

➡ _____

2 '원칙'을 잘 사용했으면 ○표, 잘못 사용했으면 ✕표 해 보세요.

(1) 사람들의 이기적인 태도는 사회를 원칙 상태에 빠지게 한다. (   )
(2) 지각을 3번 이상 하면, 반성문을 쓴다는 원칙을 정하자! (   )

3 아래의 문장에서 빈칸에 들어갈 알맞은 말을 찾아 ○표 해 보세요.

(1) [   ]을 어기면 벌을 받는다. 반칙 법

(2) 동생은 아직도 아픈지 숨소리가 [   ]하다. 불규칙 불평등

(3) 실내에서는 담배를 피우는 것이 [   ]으로 금지되어 있다. 원칙적 파격적

4 밑줄 친 말을 보기 중 하나로 바꾸어 올바른 문장으로 고쳐 써 보세요.

보기

반대	반칙	규칙	수칙

그 선수는 심판이 안 보는 틈을 타 <u>원칙</u>(을)를 했다.

➡ _____

실전 문제 풀이

1 다음 그림에 어울리는 속담은 무엇인가요? (   )

① 물 만난 고기
② 물이 깊어야 고기가 모인다
③ 가지 많은 나무에 바람 잘 날 없다
④ 베는 석 자라도 튼튼 틀대로 해야 된다

3주

2 다음 그림은 어떤 원칙을 나타낸 것인지 골라 보세요. (   )

① 자동차를 주차하면 안 된다.
② 자전거를 타면 안 된다.
③ 반려동물은 들어올 수 없다.
④ 담배를 피우면 안 된다.

3 다음 글의 빈칸에 들어갈 낱말로 알맞은 것을 골라 보세요. (   )

운전자는 횡단보도에 건너는 사람이 없더라도 건너려는 사람이 없는지 살피면서 안전하게 운전을 해야 한다. 특히 어린이들의 교통안전을 위해 어린이 보호 구역에서는 신호등이 없어도 횡단보도 앞에서 무조건 멈추는 것이 [   ] 이다. 위반할 경우, 승용차 기준 범칙금 6만원과 벌점 10점이 부과된다.

① 벌칙　　　　　② 반칙　　　　　③ 원칙　　　　　④ 원인

유지
그대로 이어 감
어떤 상태나 상황을 그대로 이어 가거나 버티어 나가는 것을 나타낼 때 써요.

어휘 뜻 익히기

① 위의 그림에서 민하의 성적은 어떤 상태일까요? (   )

① 점수가 올랐다.　　　　　　　　② 점수가 내렸다.
③ 그대로 유지했다.　　　　　　　④ 성적이 나오지 않았다.

② '유지'라는 말이 무슨 뜻일지 짐작해 보고, 알맞은 것에 ○표 해 보세요.

그대로 이어 감　　　훨씬 좋아짐　　　훨씬 나빠짐　　　점점 사라짐

③ 낱말을 따라 쓰고 소리 내어 읽어 보세요.

유	지					

어휘망으로 확장하기

지속
어떤 일이나 상태가 오래 계속됨 또는 어떤 일이나 상태를 오래 계속함
(예) 당분간은 따뜻한 날씨가 지속될 것으로 보입니다.

보전
온전하게 잘 보호하여 그대로 남김
(예) 다음 세대를 위해서 자연을 보전해야 한다.

중단
어떤 일을 중간에 멈추거나 그만둠
(예) 비가 너무 많이 와서 모든 훈련을 잠시 중단했다.

비슷한말

비슷한말

지탱
어떤 것을 버티거나 견딤
(예) 이런 불편한 자세로 오랜 시간 지탱하는 것은 불가능해.

비슷한말

유지
그대로 이어 감
(예) 에어컨 온도를 26도로 유지해야 건강과 환경에 좋습니다.

반대의 뜻

반대의 뜻

끊어지다
(예) 단짝이었던 친구와 소식이 끊어졌다.

비슷한말

헷갈리기 쉬운 말

지키다
(예) 할아버지께서는 건강을 지키는 비결이 꾸준한 운동이라고 하셨다.

유지(有志)
마을이나 지역에서 영향력을 가진 사람
(예) 옆집 할머니는 이곳에서 가장 영향력이 큰 유지다.

3주

문장으로 확장하기

속담
삼대* 거지 없고 삼대 부자 없다

(예) 삼대 거지 없고 삼대 부자 없다고 했단다. 항상 아껴 쓰고 저축하는 습관을 지니도록 하렴.

*삼대: 아버지, 아들, 손자의 세 대

삼대에 걸쳐서 계속 거지 노릇만 하는 집안도 없고 계속 부자인 집안도 없다는 뜻으로, 많은 재산이라도 오랫동안 유지하기 힘들고, 성실히 살면 가난에서 벗어날 수 있다는 속담이에요.

1 다음 그림을 보고, 빈칸에 들어갈 알맞은 낱말을 보기 에서 찾아 써 보세요.

주간 날씨

월	화	수	목	금
☀	☀	☀	☀	☀
30	27	30	28	27
20	20	22	20	20

보기

정지	중단	지속	중지

당분간은 따뜻한 날씨가 [　　] 될 것으로 보입니다.

➡ _____

2 '유지'를 잘 사용했으면 ○표, 잘못 사용했으면 ✕표 해 보세요.

(1) 에어컨 온도를 26도로 유지해야 건강과 환경에 좋습니다. (　　　)
(2) 정전이 되어서 선풍기가 갑자기 유지됐다. (　　　)

3 아래의 문장에서 빈칸에 들어갈 알맞은 말을 찾아 ○표 해 보세요.

(1) 다음 세대를 위해서 자연을 [　　] 해야 한다.　보전 ｜ 보람
(2) 할아버지께서는 건강을 [　　] 비결이 꾸준한 운동이라고 하셨다.　멈추는 ｜ 지키는
(3) 이런 불편한 자세로 오랜 시간 [　　] 하는 것은 불가능해.　지탱 ｜ 지각

4 밑줄 친 말을 보기 중 하나로 바꾸어 올바른 문장으로 고쳐 써 보세요.

보기

중요	보호	중단	연속

비가 너무 많이 와서 모든 훈련을 잠시 지탱했다.

➡ _____

① 다음 그림처럼 '많은 재산이라도 오랫동안 유지하기 힘들고, 성실히 살면 가난에서 벗어날 수 있다'는 뜻의 속담은 무엇일까요?   (   )

① 웃는 집에 복이 있다
② 부자가 더 무섭다
③ 삼대 거지 없고 삼대 부자 없다
④ 세 닢 주고 집 사고 천 냥 주고 이웃 산다

② 다음 그림에서 교통안전 봉사를 하는 이유는 무엇일까요? (   )

① 횡단보도를 그리기 위해
② 학생들을 학교에 못 가게 하려고
③ 학교 앞에서 일어난 사고를 해결하려고
④ 학생들의 안전과 학교 앞 질서 유지를 위해

③ 다음 글의 빈칸에 들어갈 낱말로 알맞은 것을 골라 보세요. (   )

> 비타민D는 대부분 햇빛을 통해 얻을 수 있어서 '햇빛 비타민'이라고도 불립니다. 그러나 야외 활동이 적어 햇빛을 자주 쬐지 못하는 겨울에는 몸 안의 비타민D도 줄어들 수밖에 없는데요. 하루 달걀 하나로 우리 몸의 비타민D를 [   ]할 수 있다는 연구 결과가 나와 주목을 받고 있습니다.

① 금지   ② 의지   ③ 유명   ④ 유지

의도 | 하려고 하는 것

무엇을 하고자 하는 생각이나 계획 또는 무엇을 하려고 하는 것을 나타낼 때 써요.

어휘 뜻 익히기

1 위의 그림에서 윤하가 의도한 일은 무엇인가요? (　　　)

① 지민이의 옷이 더러워지는 것　　　　② 지민이에게 돈까스를 나누어 준 것

③ 지민이의 옷에 국물이 튄 것　　　　④ 지민이의 돈까스를 빼앗어 먹은 것

2 '의도'라는 말이 무슨 뜻일지 짐작해 보고, 알맞은 것에 ○표 해 보세요.

정한 바가 없는 것　　　하려고 하는 것　　　원하는 것을 숨김　　　하던 일을 멈추는 것

3 낱말을 따라 쓰고 소리 내어 읽어 보세요.

의	도			

어휘망으로 확장하기

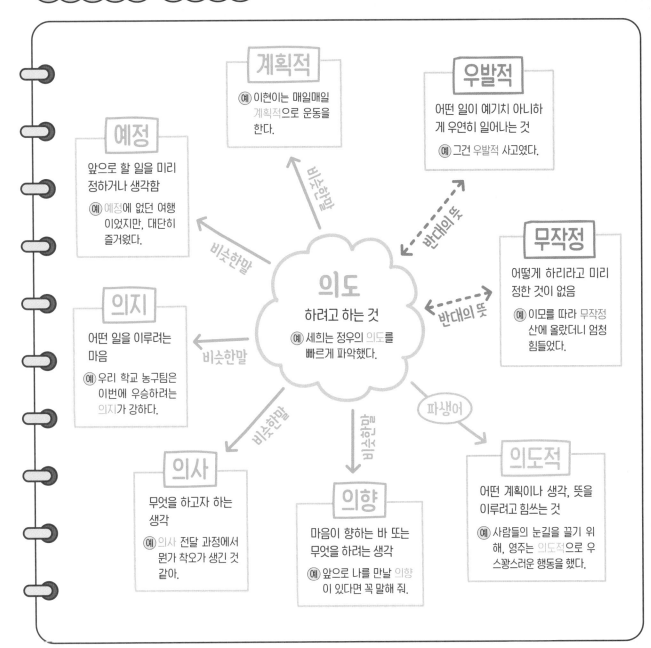

계획적
예 이현이는 매일매일 계획적으로 운동을 한다.

우발적
어떤 일이 예기치 아니하게 우연히 일어나는 것
예 그건 우발적 사고였다.

예정
앞으로 할 일을 미리 정하거나 생각함
예 예정에 없던 여행이었지만, 대단히 즐거웠다.

의도
하려고 하는 것
예 세희는 정우의 의도를 빠르게 파악했다.

무작정
어떻게 하리라고 미리 정한 것이 없음
예 이모를 따라 무작정 산에 올랐더니 엄청 힘들었다.

의지
어떤 일을 이루려는 마음
예 우리 학교 농구팀은 이번에 우승하려는 의지가 강하다.

의사
무엇을 하고자 하는 생각
예 의사 전달 과정에서 뭔가 착오가 생긴 것 같아.

의향
마음이 향하는 바 또는 무엇을 하려는 생각
예 앞으로 나를 만날 의향이 있다면 꼭 말해 줘.

의도적
어떤 계획이나 생각, 뜻을 이루려고 힘쓰는 것
예 사람들의 눈길을 끌기 위해, 영주는 의도적으로 우스꽝스러운 행동을 했다.

비슷한말 / 반대의 뜻 / 파생어

3주

문장으로 확장하기

남의 일이 잘되어 가는 것이 샘나서 의도적으로 방해하는 것을 비유적으로 이르는 속담이에요.

속담
남의 호박에 말뚝 박기

예 남의 호박에 말뚝 박기라더니, 그 책이 필요도 없으면서 내가 못 보게 일부러 가져갔구나.

1 다음 그림을 보고, 빈칸에 들어갈 알맞은 낱말을 [보기]에서 찾아 써 보세요.

우리 팀이 1등을 하게 열심히 연습해야지!

보기

| 의미 | 걱정 | 의지 | 유지 |

윤하는 1등을 하겠다는 [   ](이)가 강하다.

➡ _____

2 '의도'를 잘 사용했으면 ○표, 잘못 사용했으면 ✕표 해 보세요.

(1) 단짝이었던 현아와 소식이 의도된 지 5년째이다. (   )

(2) 내 의도와는 다르게 일이 꼬여 버렸다. (   )

3 아래의 문장에서 빈칸에 들어갈 알맞은 말을 찾아 ○표 해 보세요.

(1) [   ]에 없던 여행이었지만, 대단히 즐거웠다. | 예의 | 예정 |

(2) 이번 방학은 시간표를 짜서 [   ]으로 보낼 거야. | 계획적 | 무계획 |

(3) 이모를 따라 [   ] 산에 올랐더니 엄청 힘들었다. | 무작정 | 무의미 |

4 밑줄 친 말을 [보기] 중 하나로 바꾸어 올바른 문장으로 고쳐 써 보세요.

보기

| 의향 | 의상 | 취향 | 잔향 |

앞으로 모임에 참여할 의식이 있으면 지금 말해 줘.

➡ _____

1 '남의 일이 잘되어 가는 것이 샘나서 의도적으로 방해하는 것'을 비유적으로 이르는 속담은 무엇일까요? (   )

① 호박이 굴렀다

② 남의 호박에 말뚝 박기

③ 호박 나물에 힘쓴다

④ 남의 속에 있는 글도 배운다

2 다음 그림에서 엄마의 의도를 골라 보세요. (   )

수호야, 운동하고 오면 게임하게 해 줄게.

① 수호가 공부를 못했으면 좋겠다.

② 수호가 운동을 했으면 좋겠다.

③ 엄마가 줄넘기를 하고 싶다.

④ 수호가 게임을 했으면 좋겠다.

3 다음 글의 빈칸에 들어갈 낱말로 알맞은 것을 골라 보세요. (   )

날이 저물자 삼돌이는 하룻밤 묵어갈 생각으로 어느 주막*으로 들어갔어요. 그리고 친구가 맡긴 좁쌀을 주막 주인에게 부탁했지요.

"내일 아침 일찍 떠날 ⬚⬚⬚이니, 이것을 좀 맡아 주십시오. 아주 소중한 것입니다."

"엥, 뭐야? 겨우 좁쌀이잖아. 이런 게 뭐가 중요하다고."

주막 주인은 조그만 좁쌀을 아무 데나 휙 던져 버렸어요.

*주막 : 옛날, 시골 길가에서 밥과 술을 팔면서 돈을 받고 나그네를 묵게 하는 집

① 걱정   ② 표정   ③ 예정   ④ 예의

이성

올바르게 생각하는 능력
올바른 가치와 일반적인 지식에 맞게 생각하고 판단하는 능력을 나타내는 말이에요.

어휘 뜻 익히기

(1) 위의 그림에서 남매가 이야기한 사람의 특성은 무엇인가요? (　　　)

① 이성이 없다.　　　② 엄마 말을 잘 듣는다.　　　③ 키가 쑥쑥 큰다.　　　④ 이성이 있다.

(2) '이성'이라는 말이 무슨 뜻일지 짐작해 보고, 알맞지 <u>않은</u> 것에 ○표 해 보세요.

 올바르게 생각함　　 올바르게 판단함　　일반적인 지식으로 판단함　　 아무렇게나 받아들임

(3) 낱말을 따라 쓰고 소리 내어 읽어 보세요.

이	성					

어휘망으로 확장하기

3주

합리
예 가격을 보면 이 상품을 선택하는 게 합리적이다.

감성
자극이나 자극의 변화를 느끼는 성질
예 화가인 그는 풍부한 감성과 뛰어난 표현력이 있다.

지성
어떤 것에 대하여 알거나 이해하고 판단하는 능력
예 도구를 쓰는 동물에게도 지성이 있는 게 아닐까?

비슷한말

비슷한말

이성
올바르게 생각하는 능력
예 언니는 감성보다는 이성에 따라 행동한다.

반대의 뜻

비합리
이론이나 이치에 맞지 않음
예 아직도 비합리적인 제도와 풍습이 전통으로 남아 있는 지역이 있다.

반대의 뜻

객관적
자기만의 생각이나 감정에 치우치지 않고 사실이나 사물을 있는 그대로 보거나 생각하는 것
예 지수는 자신의 실력을 객관적으로 평가받고 싶어 했다.

비슷한말

비슷한말

반대의 뜻

비이성적
이성을 따르지 않는
예 다른 사람을 때리는 것은 비이성적인 행동입니다.

이치
정당하고 도리에 맞는 원리 또는 근본이 되는 목적이나 중요한 뜻
예 세종 대왕은 우리 말과 중국의 말이 다른데, 중국의 글자를 쓰는 것은 이치에 맞지 않는다며 훈민정음을 만드셨다.

문장으로 확장하기

속담 아니 땐 굴뚝에 연기 날까

예 둘만 있는 방에 이렇게 냄새가 나는데, 네가 방귀를 뀐 게 아니라고? 아니 땐 굴뚝에 연기 나겠어?

원인이 없으면 결과가 있을 수 없음을 비유적으로 이르는 말로 합리적 의심을 뜻하는 속담이에요.

65

1 다음 그림을 보고, 빈칸에 들어갈 알맞은 낱말을 보기 에서 찾아 써 보세요.

보기

| 합동 | 합체 | 합리 | 도리 |

가격을 보면 분홍색 컵을 선택하는 것이 ☐ 적이다.

➡ _____

2 '이성'을 잘 사용했으면 ○표, 잘못 사용했으면 ✕표 해 보세요.

(1) 이성은 사람이 가지고 있는 특성이다. (   )

(2) 학급 토론에서 지수는 소희의 말에 이성했다. (   )

3 아래의 문장에서 빈칸에 들어갈 알맞은 말을 찾아 ○표 해 보세요.

(1) 도구를 사용하는 동물에게도 ☐ 이 있는 게 아닐까? [지성 | 찬성]

(2) 지수는 자신의 실력을 ☐ 으로 평가받고 싶어 했다. [충격적 | 객관적]

(3) 아직도 ☐ 적인 제도와 풍습이 전통으로 남아 있는 나라가 있다. [비정기 | 비합리]

4 밑줄 친 말을 보기 중 하나로 바꾸어 올바른 문장으로 고쳐 써 보세요.

보기

| 지성적인 | 객관적인 | 냉철한 | 비이성적인 |

다른 사람을 때리는 것은 <u>합리적인</u> 행동입니다.

➡ _____

1 다음 그림에 어울리는 속담은 무엇인가요? (　　　)

① 도토리 키 재기
② 열 번 찍어 아니 넘어가는 나무 없다
③ 말 한마디에 천 냥 빚도 갚는다
④ 아니 땐 굴뚝에 연기 날까

3주

2 다음 그림에서 하고 있는 이성적인 행동을 골라 보세요. (　　　)

① 친구와 같이 운다.
② 다친 친구에게 화를 낸다.
③ 119와 어른들께 전화한다.
④ 못 본 척 지나간다.

3 다음 글의 빈칸에 들어갈 낱말로 알맞은 것을 골라 보세요. (　　　)

> 요즘 사람들은 책보다 스마트폰이 더 익숙합니다. 하지만 스마트폰을 너무 많이 사용할 경우, 전두엽에 좋지 않은 영향을 미치게 됩니다. 전두엽은 　　적인 생각을 하고 합리적인 판단을 내리는 뇌의 한 부분입니다. 그런데 스마트폰에 빠지면 이 부분이 제대로 활동하지 못하게 될 수도 있습니다.

① 이성　　　② 상상　　　③ 이해　　　④ 이유

조사 | 살펴보거나 찾아봄

어떤 일이나 사물의 내용을 알기 위하여 자세히
살펴보거나 찾아보는 것을 나타낼 때 써요.

어휘 뜻 익히기

1 위의 그림에서 형은 무엇을 조사하려고 했나요? (   )

① 이번 주에 먹은 약   ② 오늘 먹은 음식   ③ 음식을 먹은 식당   ④ 오늘 읽은 책

2 '조사'라는 말이 무슨 뜻일지 짐작해 보고, 알맞은 것에 ○표 해 보세요.

아무렇게나 둠   살펴보거나 찾아봄   찾아서 숨김   가리고 생략함

3 낱말을 따라 쓰고 소리 내어 읽어 보세요.

조	사				

어휘망으로 확장하기

관찰

예 방학 숙제로 콩나물이 자라는 과정을 관찰했다.

살피다
예 횡단보도를 건널 때는 주위를 살피고 건너야 합니다.

들여다보다
예 선생님은 우리의 마음을 들여다보고 계신 듯하다.

비슷한말

비슷한말

훑어보다

예 앞으로 공부를 할 교과서를 훑어보았다.

조사
살펴보거나 찾아봄
예 지금 건물에 불이 난 이유를 조사하고 있습니다.

반대의 뜻

연구
어떤 사물이나 일에 대해 깊이 있게 조사하고 생각하여 맞는지 따져 보는 일
예 의사들의 연구는 환자를 치료하는 데 도움이 되었습니다.

비슷한말

은폐
덮어 감추거나 숨김
예 범인은 사건을 은폐하려 했지만, 실패했다.

반대의 뜻

검사
사실이나 일의 상태 등을 조사하여 판단하는 일
예 숙제 검사를 할 테니 꺼내 보세요.

비슷한말

가리다
보이거나 통하지 못하도록 막다
예 수영이는 눈을 가리고 냄새만으로도 어떤 음식인지 맞힐 수 있어.

반대의 뜻

문장으로 확장하기

속담

참빗*으로 훑듯

예 참빗으로 훑듯, 형사는 사건을 꼼꼼하게 살펴봤다.

하나도 빠뜨리지 아니하고 샅샅이 조사하는 경우를 비유적으로 이르는 속담이에요.

*참빗: 살이 아주 가늘고 촘촘한 빗

3주

어휘 뜻 확인하기

1 다음 그림을 보고, 빈칸에 들어갈 알맞은 낱말을 보기 에서 찾아 써 보세요.

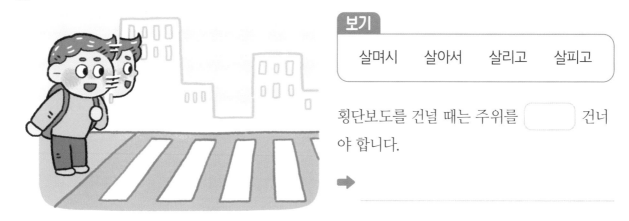

보기

| 살며시 | 살아서 | 살리고 | 살피고 |

횡단보도를 건널 때는 주위를 [   ] 건너야 합니다.

➡ _____

2 '조사'를 잘 사용했으면 ○표, 잘못 사용했으면 ✕표 해 보세요.

(1) 우리 학교는 수업에 관한 설문 조사를 했다. (   )
(2) 비바람이 심하니 운전할 때 조사해서 해야 한다. (   )

3 아래의 문장에서 빈칸에 들어갈 알맞은 말을 찾아 ○표 해 보세요.

(1) 나는 방학 숙제로 콩나물이 자라는 과정을 [   ] 했다. 관심 관찰
(2) 의사들의 [   ]는 환자를 치료하는 데 도움이 되었습니다. 연구 연기
(3) 범인은 사건을 [   ] 하려 했지만 실패했다. 은폐 은혜

4 밑줄 친 말을 보기 중 하나로 바꾸어 올바른 문장으로 고쳐 써 보세요.

보기

| 살피고 | 따르고 | 가리고 | 드러내고 |

수영이는 눈을 <u>나타내고</u> 냄새만으로도 어떤 음식인지 맞힐 수 있다.

➡ _____

1 다음 그림에 어울리는 속담은 무엇인가요? (   )

하나도 빠뜨리지 않고
조사하는구나!

① 도토리 키 재기
② 열을 듣고 하나도 모른다
③ 참빗으로 훑듯
④ 수박 겉 핥기

2 다음 그림에서 사람들은 무엇을 조사 중인지 골라 보세요. (   )

불이 난 이유는
무엇인가요?

① 소방관이 하는 일
② 경찰의 역할
③ 건물의 가격
④ 화재의 원인

3 다음 글의 빈칸에 들어갈 낱말로 알맞은 것을 골라 보세요. (   )

의사 슈바이처는 아프리카에서 아이들이 아픈 원인을 ⬡했어요. 그것은 바로 오염된 물 때문이란 것을 알아냈지요.
'오염된 물이 원인이었어. 이제 알맞은 약만 사용하면 아픈 아이들을 치료할 수 있겠구나.'
슈바이처는 마을에 작은 병원도 세웠어요. 그러자 수많은 환자가 찾아오기 시작했지요.

① 선사   ② 조사   ③ 조심   ④ 조건

확인 학습

1 다음 문장에 들어갈 알맞은 낱말을 [보기]에서 찾아 써 보세요.

[보기]

| 정도 | 의존 | 의도 | 제도 |

지수의 _____ (이)가 무엇인지 생각해 보았지만, 도무지 알 수 없었다.

2 '원칙'을 잘 사용했으면 ○표, 잘못 사용했으면 ✕표 해 보세요.

(1) 병원에 가지 않고 약을 처방하는 것은 원칙적으로 안 됩니다. (   )
(2) 가게가 원칙적인 틈을 타 도둑이 들었다. (   )

3 아래의 문장에서 빈칸에 들어갈 알맞은 말을 찾아 ○표 해 보세요.

(1) 집 안의 습도를 [   ] 하기 위해 가습기를 많이 사용한다. | 유명 | 유지 |

(2) 이런 불편한 자세로 오랜 시간 [   ] 하는 것은 불가능해. | 지탱 | 지식 |

(3) 단짝이었던 친구와 소식이 [   ]. | 버려졌다 | 끊어졌다 |

4 밑줄 친 말을 [보기] 중 하나로 바꾸어 올바른 문장으로 고쳐 써 보세요.

[보기]

| 참가했다 | 참여했다 | 지웠다 | 훑어보았다 |

시험공부를 못 한 지민이는 쉬는 시간에 교과서를 <u>감추었다</u>.

➡ _____

5 다음 문장의 순서가 바르게 되도록 다시 써 보세요.

| 이성적으로 / 어렵다 / 가족이 / 아프면 / 생각하기 |

➡ _____

종합 문제

1 '하나도 빠뜨리지 아니하고 샅샅이 뒤져 조사하는 경우'를 뜻하는 속담은 무엇일까요?

(   )

① 하늘의 별 따기

② 눈에 콩깍지가 씌었다

③ 등잔 밑이 어둡다

④ 참빗으로 훑듯

2 다음 그림에서 두 친구가 운동하는 이유로 가장 알맞은 것을 골라 보세요. (   )

① 건강을 지키기 위해

② 병원에 가기 위해

③ 마라톤에 나가기 위해

④ 쓰레기를 줍기 위해

3 다음 글의 빈칸에 들어갈 낱말로 알맞은 것을 골라 보세요. (   )

> "할아버지, 어찌 나한테 이럴 수가 있단 말이오. 정말 너무합니다. 할아버지가 무서워하는 돈이랑 평생 사시오!"
> 도깨비는 화를 내며 떠나 버렸어요. 할아버지는 도깨비가 쌓아 놓고 간 돈으로 마을에서 제일 큰 부자가 되었지만 쓸쓸하고 외로웠어요.
> "내 ☐☐대로 도깨비를 속여 부자가 되었지만, 좋은 친구는 영영 잃어버렸구나."

① 의심   ② 의도   ③ 의리   ④ 의아

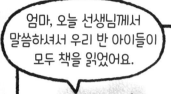

지시 | 하라고 시킴
무엇을 하라고 시키는 것 또는 그 내용을 나타내는 말이에요.

어휘 뜻 익히기

1 위의 그림에서 선생님께서 아이들에게 지시하신 것은 무엇인가요? (　　)

① 엉망인 방 정리하기　　② 책 읽기　　③ 부끄러움 알기　　④ 엄마께 질문하기

2 '지시'라는 말이 무슨 뜻일지 짐작해 보고, 알맞은 것에 ○표 해 보세요.

 시키지 않음　　 배우거나 연구한 내용　　 시키는 것을 거부함　　 하라고 시킴

3 낱말을 따라 쓰고 소리 내어 읽어 보세요.

지 시

74

어휘망으로 확장하기

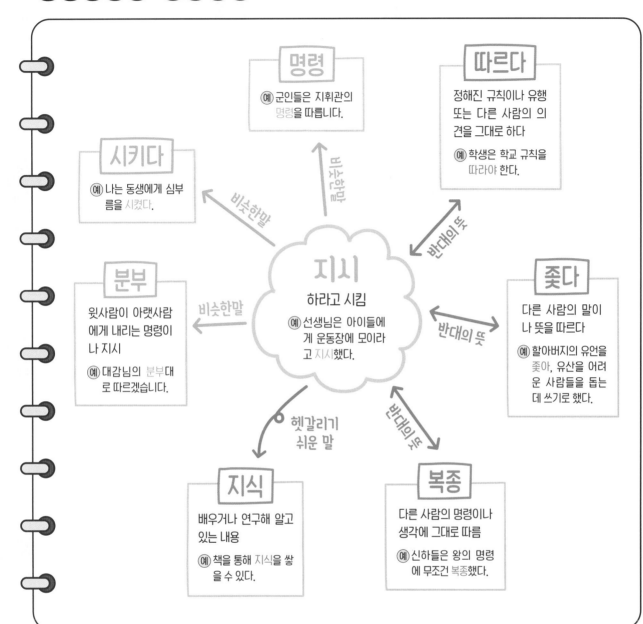

명령
(예) 군인들은 지휘관의 명령을 따릅니다.

따르다
정해진 규칙이나 유행 또는 다른 사람의 의견을 그대로 하다
(예) 학생은 학교 규칙을 따라야 한다.

시키다
(예) 나는 동생에게 심부름을 시켰다.

분부
윗사람이 아랫사람에게 내리는 명령이나 지시
(예) 대감님의 분부대로 따르겠습니다.

지시
하라고 시킴
(예) 선생님은 아이들에게 운동장에 모이라고 지시했다.

비슷한말

비슷한말

비슷한말

반대의 뜻

반대의 뜻

반대의 뜻

헷갈리기 쉬운 말

좇다
다른 사람의 말이나 뜻을 따르다
(예) 할아버지의 유언을 좇아, 유산을 어려운 사람들을 돕는 데 쓰기로 했다.

지식
배우거나 연구해 알고 있는 내용
(예) 책을 통해 지식을 쌓을 수 있다.

복종
다른 사람의 명령이나 생각에 그대로 따름
(예) 신하들은 왕의 명령에 무조건 복종했다.

4주

문장으로 확장하기

다른 사람의 지시나 윗사람의 명령을 어긴다는 뜻이에요.

속담
길로 가라니까 뫼*로 간다

(예) 길로 가라니까 뫼로 간다더니, 숙제를 하라니까 왜 갑자기 영화를 보니?

*뫼: 산을 뜻하는 순우리말

1 다음 그림을 보고, 빈칸에 들어갈 알맞은 낱말을 보기 에서 찾아 써 보세요.

나를 따르라!

보기

| 명확 | 연령 | 명령 | 명칭 |

장군이 병사들에게 ☐ 을 내렸다.

➡ _____

2 '지시'를 잘 사용했으면 ○표, 잘못 사용했으면 ✕표 해 보세요.

(1) 선생님은 아이들에게 운동장에 모이라고 지시하셨다. (　　　)

(2) 숙제를 확인할 것이니 모두 숙제를 책상 위에 지시하세요. (　　　)

3 아래의 문장에서 빈칸에 들어갈 알맞은 말을 찾아 ○표 해 보세요.

(1) 나는 동생에게 심부름을 ☐ .　| 시켰다 | 먹었다 |

(2) 할아버지의 유언을 ☐ 유산을 어려운 사람들을 돕는 데 사용하기로 했다.
| 좇아 | 시켜 |

(3) 신하들은 왕의 명령에 무조건 ☐ 했다.　| 복수 | 복종 |

4 밑줄 친 말을 보기 중 하나로 바꾸어 올바른 문장으로 고쳐 써 보세요.

보기

| 시켜야 | 지워야 | 따라야 | 미뤄야 |

학생은 학교 규칙을 <u>어겨야</u> 한다.

➡ _____

1 다음 그림에 어울리는 속담은 무엇인가요? (   )

① 길을 알면 앞서 가라
② 앞길이 구만리 같다
③ 길로 가라니까 뫼로 간다
④ 아는 길도 물어 가랬다

2 선생님이 아이들에게 무엇을 지시하고 있는지 골라 보세요. (   )

① 시험공부 하기
② 식사 후에 책 읽기
③ 맛있는 반찬만 먹기
④ 음식을 골고루 먹기

3 다음 글의 빈칸에 들어갈 낱말로 알맞은 것을 골라 보세요. (   )

> "저희는 신기한 옷을 만드는 사람들입니다. 저희가 만든 옷은 세상에서 제일 가볍고 세상에서 가장 아름답지만, 특이하게도 바보의 눈에는 보이지 않지요."
> "그것참, 매우 궁금하구나. 지금 바로 그 옷을 만들어 내게 보여 다오."
> 사기꾼들의 말에 속은 임금님은 얼른 자신의 옷을 만들라고 [   ] 했어요.

① 지루   ② 지혜   ③ 지식   ④ 지시

참고

살펴 생각함
살펴 생각하거나 살펴서 도움이 될 만한 재료로 삼는다는 뜻이에요.

어휘 뜻 익히기

1) 위의 그림에서 동생이 참고하고 싶은 것은 무엇일까요? (   )

① 엄마와 아빠의 기분
② 책을 더 읽겠다고 말하는 것
③ 오빠의 기분
④ 성적표를 보여 드리는 것

2) '참고'라는 말이 무슨 뜻일지 짐작해 보고, 알맞은 것에 ○표 해 보세요.

생각하지 않음    살펴 없앰    살펴 생각함    대충 생각함

3) 낱말을 따라 쓰고 소리 내어 읽어 보세요.

참	고				

어휘망으로 확장하기

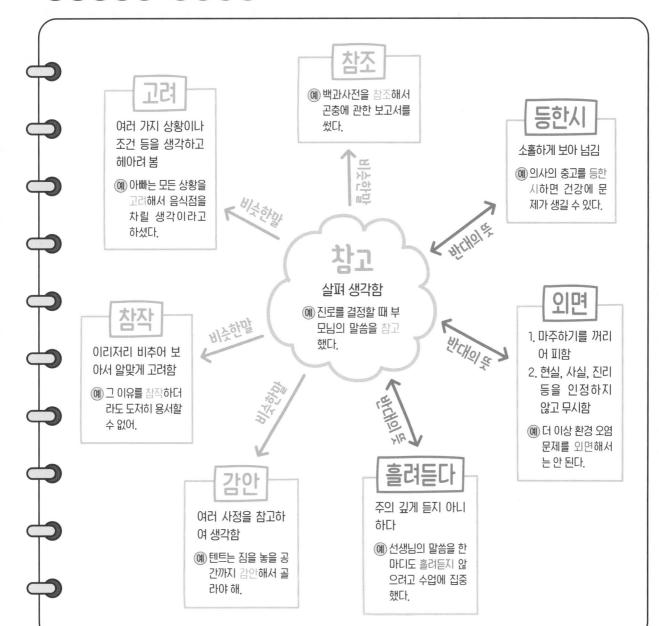

참조
예 백과사전을 참조해서 곤충에 관한 보고서를 썼다.

고려
여러 가지 상황이나 조건 등을 생각하고 헤아려 봄
예 아빠는 모든 상황을 고려해서 음식점을 차릴 생각이라고 하셨다.

비슷한말

등한시
소홀하게 보아 넘김
예 의사의 충고를 등한시하면 건강에 문제가 생길 수 있다.

참고
살펴 생각함
예 진로를 결정할 때 부모님의 말씀을 참고했다.

비슷한말

반대의 뜻

참작
이리저리 비추어 보아서 알맞게 고려함
예 그 이유를 참작하더라도 도저히 용서할 수 없어.

비슷한말

반대의 뜻

외면
1. 마주하기를 꺼리어 피함
2. 현실, 사실, 진리 등을 인정하지 않고 무시함
예 더 이상 환경 오염 문제를 외면해서는 안 된다.

감안
여러 사정을 참고하여 생각함
예 텐트는 짐을 놓을 공간까지 감안해서 골라야 해.

흘려듣다
주의 깊게 듣지 아니하다
예 선생님의 말씀을 한 마디도 흘려듣지 않으려고 수업에 집중했다.

4주

문장으로 확장하기

한 귀로 듣고 한 귀로 흘린다

예 한 귀로 듣고 한 귀로 흘리지 말고, 의사의 말을 귀담아듣는 게 어때?

남이 하는 말을 귀담아듣지 않고 흘려듣는다는 뜻이에요.

1 다음 그림을 보고, 빈칸에 들어갈 알맞은 낱말을 보기 에서 찾아 써 보세요.

보기

제조	참조	강조	참가

백과사전을 ☐ 해서 곤충에 관한 보고서를 썼다.

➡ _____

2 '참고'를 잘 사용했으면 ○표, 잘못 사용했으면 ✕표 해 보세요.

(1) 형은 내가 아직 어리다며 내가 맞는 말을 해도 참고한다. (   )
(2) 진로를 결정할 때 부모님의 말씀을 참고했다. (   )

3 아래의 문장에서 빈칸에 들어갈 알맞은 말을 찾아 ○표 해 보세요.

(1) 아빠는 모든 상황을 ☐ 해서 음식점을 차릴 생각이라고 하셨다.　| 고려 | 고장 |
(2) 의사의 충고를 ☐ 하면 건강에 문제가 생길 수 있다.　| 과시 | 등한시 |
(3) 더 이상 환경 오염 문제를 ☐ 해서는 안 된다.　| 장면 | 외면 |

4 밑줄 친 말을 보기 중 하나로 바꾸어 올바른 문장으로 고쳐 써 보세요.

보기

참조하지	고려하지	흘려듣지	귀 기울이지

선생님의 말씀을 한마디도 참고하지 않으려고 수업에 집중했다.

➡ _____

1 다음 그림에 어울리는 속담은 무엇인가요? (   )

① 서당 개 삼 년에 풍월을 읊는다
② 한 귀로 듣고 한 귀로 흘린다
③ 닭 쫓던 개 지붕 쳐다보듯
④ 개똥도 약에 쓰려면 없다

4주

2 윤하는 무엇을 참고하여 이 가위를 샀는지 골라 보세요. (   )

① 가격
② 색깔
③ 좋은 후기
④ 나쁜 후기

3 다음 글의 빈칸에 들어갈 낱말로 알맞은 것을 골라 보세요. (   )

> 어린이 안전사고에 대한 중요성은 아무리 강조해도 지나치지 않습니다. 특히 어린이 통학 버스 관련 사고는 돌이킬 수 없는 인명 피해를 일으킬 수 있으므로, 더욱 강력한 수준의 교통 법규가 필요합니다. 미국은 우리나라보다 훨씬 엄격한 처벌을 하고 있는데, 이것이 사고를 상당히 예방하고 있다는 점에서 미국의 사례를 [   ]하는 것도 도움이 될 것입니다.

① 충고   ② 참고   ③ 사고   ④ 최고

취급

처리하는 태도
❶ 물건을 사용함 또는 물건을 재료나 대상으로 삼음
❷ 사람이나 사건을 어떤 태도로 대하거나 처리함

어휘 뜻 익히기

1 위의 그림에서 아이는 엄마가 자신을 어떻게 대한다고 말했나요? (   )

① 할머니처럼 대한다.
③ 사물로 생각한다.

② 어린아이로 취급한다.
④ 어른이 되지 않았으면 좋겠다.

2 '취급'이라는 말이 무슨 뜻일지 짐작해 보고, 알맞은 것에 ○표 해 보세요.

처리하지 못함   불가능한 행동   태도가 옳지 않음   처리하는 태도

3 낱말을 따라 쓰고 소리 내어 읽어 보세요.

어휘망으로 확장하기

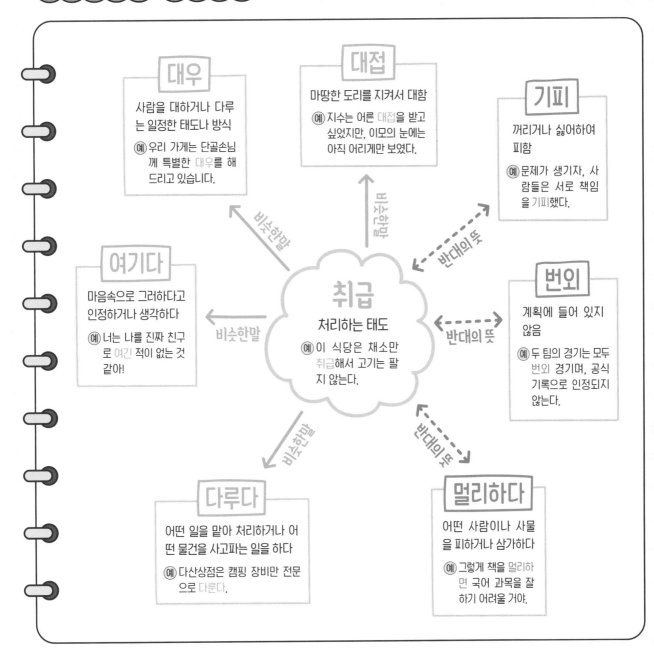

대우

사람을 대하거나 다루는 일정한 태도나 방식

(예) 우리 가게는 단골손님께 특별한 대우를 해 드리고 있습니다.

대접

마땅한 도리를 지켜서 대함

(예) 지수는 어른 대접을 받고 싶었지만, 이모의 눈에는 아직 어리게만 보였다.

기피

꺼리거나 싫어하여 피함

(예) 문제가 생기자, 사람들은 서로 책임을 기피했다.

여기다

마음속으로 그러하다고 인정하거나 생각하다

(예) 너는 나를 진짜 친구로 여긴 적이 없는 것 같아!

취급

처리하는 태도

(예) 이 식당은 채소만 취급해서 고기는 팔지 않는다.

번외

계획에 들어 있지 않음

(예) 두 팀의 경기는 모두 번외 경기며, 공식 기록으로 인정되지 않는다.

비슷한말 / 반대의 뜻

다루다

어떤 일을 맡아 처리하거나 어떤 물건을 사고파는 일을 하다

(예) 다산상점은 캠핑 장비만 전문으로 다룬다.

멀리하다

어떤 사람이나 사물을 피하거나 삼가다

(예) 그렇게 책을 멀리하면 국어 과목을 잘하기 어려울 거야.

4주

문장으로 확장하기

(속담)

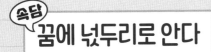
꿈에 넋두리로 안다

(예) 내 말을 꿈에 넋두리로 알지 말고 귀담아들어!

잠꼬대와 같은 소리로 취급하여 대수롭지 않게 여긴다는 속담이에요.

1 다음 그림을 보고, 빈칸에 들어갈 알맞은 낱말을 보기 에서 찾아 써 보세요.

나는 친구라고 생각했는데!

보기

| 생긴 | 여긴 | 맡긴 | 하긴 |

너는 나를 진짜 친구로 [ ] 적이 없는 것 같아!

➡ _____

2 '취급'을 잘 사용했으면 ○표, 잘못 사용했으면 ✕표 해 보세요.

(1) 이 서점은 문화 상품권을 취급합니다. (　　　)

(2) 희수는 자신이 저지른 실수를 취급했다. (　　　)

3 아래의 문장에서 빈칸에 들어갈 알맞은 말을 찾아 ○표 해 보세요.

(1) 우리 가게는 단골손님께 특별한 [ ] 를 해 드리고 있습니다. | 경우 | 대우 |

(2) 지수는 어른 [ ] 을 받고 싶었지만, 이모의 눈에는 아직 어리게만 보였다.

| 대접 | 대신 |

(3) 다산상점은 캠핑 장비만 전문으로 [ ] . | 다룬다 | 미룬다 |

4 밑줄 친 말을 보기 중 하나로 바꾸어 올바른 문장으로 고쳐 써 보세요.

보기

| 빨리 | 무리 | 논리 | 멀리 |

그렇게 책을 유리하면 국어 과목을 잘하기 어려울 거야.

➡ _____

1 다음 그림처럼 '잠꼬대와 같은 소리로 취급하여 대수롭지 않게 여긴다'는 뜻의 속담은 무엇인가요?

(   )

① 꿈자리가 사납더니
② 꿈도 꾸기 전에 해몽
③ 꿈에 넋두리로 안다
④ 꿈보다 해몽이 좋다

2 다음 그림의 가게는 무엇을 취급하는 곳인지 골라 보세요. (   )

① 상자
② 생선
③ 바구니
④ 과일

3 다음 글의 빈칸에 들어갈 낱말로 알맞은 것을 골라 보세요. (   )

> "내가 네 뒤에만 있다고 날 부하 [   ] 하는 거야? 늘 네 뒤꽁무니만 따라다니는 거 이제 안
> 할 거야!"
> 뱀의 꼬리는 화가 잔뜩 나서 소리쳤어요. 그러자 뱀의 머리는 당황했지요.
> "꼬리야, 갑자기 왜 그러는 거야? 꼬리는 늘 뒤에 오긴 하지만, 꼬리도 머리만큼 중요해."

① 취소   ② 위급   ③ 취급   ④ 고급

4주

한계 | 영향을 미치는 범위

어떤 것을 실제로 일어나거나 영향을 미치는 범위, 경계를 나타낼 때 써요.

어휘 뜻 익히기

1 위의 그림에서 동생이 시험해 보고 싶은 한계는 무엇인가요? (   )

① 마라톤 기록을 세울 수 있을지
② 성적이 어디까지 떨어지는지
③ 박기준 선수를 따라잡을 수 있을지
④ 성적이 어디까지 올라가는지

2 '한계'라는 말이 무슨 뜻일지 짐작해 보고, 알맞은 것에 ○표 해 보세요.

 일어나는 시간   영향을 미치는 범위   일어나는 기분   없어지는 범위

3 낱말을 따라 쓰고 소리 내어 읽어 보세요.

한	계				

어휘망으로 확장하기

경계
서로 다른 두 지역이나 사물이 구분되는 지점

(예) 두 나라 사이의 경계 지역에는 군사들이 지키고 있다.

무한
수나 양, 공간, 시간 등에 제한이나 한계가 없음

(예) 나는 너의 무한한 가능성을 믿는다.

범위
일정하게 한정된 구역 또는 어떤 것이 미치는 한계

(예) 시험 범위가 너무 넓어서 공부하는 데 시간이 오래 걸린다.

비슷한말

비슷한말

반대의 뜻

영원히
끝없이 이어지는 상태로 또는 언제까지나 변하지 않는 상태로

(예) 사진은 추억을 영원히 간직할 수 있게 해 준다.

한계
영향을 미치는 범위

(예) 친구들의 장난이 너무 심해서 참는 것도 한계에 다다랐다.

제한
일정한 정도나 범위를 정함 또는 그 정도나 범위를 넘지 못하게 막음

(예) 학교 도서관은 모든 학생이 제한 없이 이용할 수 있어요.

비슷한말

반대의 뜻

무궁무진
끝이나 다하는 것이 없음

(예) 세계 각지를 여행해 본 민영이가 쏟아 내는 이야깃거리는 무궁무진하게 많았다.

합성어

합성어

반대의 뜻

한계점
어떤 것이 더 이상 일어나거나 영향을 미치지 못하는 지점

(예) 인간이 100미터를 9초 이내에 달리는 것은 도저히 넘을 수 없는 한계점이었다.

한계선
어떤 것이 실제로 일어나거나 영향을 미칠 수 있는 범위가 되는 선

(예) 아이들이 1시간 이상 게임을 할 수 없도록 한계선을 정해 두었다.

4주

문장으로 확장하기

(속담) 검은 고양이 눈 감은 듯

(예) 잠에서 막 깼더니 검은 고양이 눈 감은 듯, 꿈과 현실이 헷갈린다.

검은 고양이가 눈을 떴는지 감았는지 얼른 보아 알아보기 어렵다는 뜻으로, 경계가 뚜렷하지 않아 구별하기 어려움을 비유적으로 이르는 속담이에요.

1 다음 그림을 보고, 빈칸에 들어갈 알맞은 낱말을 보기 에서 찾아 써 보세요.

보기

| 경기 | 경고 | 경계 | 경주 |

두 나라 사이의 ◯ 지역에는 군사들이 지키고 있다.

➡ _____

2 '한계'를 잘 사용했으면 ◯표, 잘못 사용했으면 ✕표 해 보세요.

(1) 그 선수는 자신을 한계까지 몰아붙이며 훈련을 했다. (　　　)

(2) 병실에만 있으려니 한계가 없어 너무 답답하다. (　　　)

3 아래의 문장에서 빈칸에 들어갈 알맞은 말을 찾아 ◯표 해 보세요.

(1) 시험 ◯ 가 너무 넓어서 공부하는 데 시간이 오래 걸린다. 범위 | 주위

(2) 학교 도서관은 모든 학생이 ◯ 없이 이용할 수 있어요. 제일 | 제한

(3) 사진은 추억을 ◯ 간직할 수 있게 해 준다. 영원히 | 괜히

4 밑줄 친 말을 보기 중 하나로 바꾸어 올바른 문장으로 고쳐 써 보세요.

보기

| 한계가 있어서 | 범위가 좁아서 | 무궁무진하게 | 제한적으로 |

세계 각지를 여행해 본 민영이가 쏟아 내는 이야깃거리는 <u>단 하나로</u> 많았다.

➡ _____

실전 문제 풀이

1 다음 그림처럼 '경계가 뚜렷하지 않아 구별하기 어렵다'는 뜻의 속담은 무엇일까요? (   )

우리 루루, 눈을 뜨고 있는 건가?

① 고양이 쥐 생각
② 고양이 세수하듯
③ 검은 고양이 눈 감은 듯
④ 고양이 목에 방울 달기

4주

2 다음 말풍선에 이어질 말로 적절한 것을 골라 보세요. (   )

이제 더 이상 못 올라가겠니?

네, 힘들어서 더 못 올라가겠어요. _____

① 아빠보다 높이 올라갈 수 있어요.
② 체력이 남아서 뛰어 내려갈게요.
③ 아직 힘이 남았어요.
④ 저의 체력이 한계점에 도달한 것 같아요.

3 다음 글의 빈칸에 들어갈 낱말로 알맞은 것을 골라 보세요. (   )

> 알파고가 중앙 전투에 약한 모습을 드러내자 이세돌 9단은 알파고의 중앙을 흔들었다. 인공지능 바둑 프로그램인 알파고는 엄청나게 다양한 수를 학습했지만 새로운 생각은 할 수 없었고, ▢에 부딪쳤다. 이세돌 9단은 "알파고는 자신이 생각하지 못한 수가 나왔을 때 대처 능력이 떨어진다."라고 분석했다. '공식 대국 첫 패배'를 기록한 알파고가 하루 만에 약점을 보완할 수 있을지 관심이 높아지고 있다.

① 관계   ② 세계   ③ 핑계   ④ 한계

현실 | 실제 사실

현재 실제로 있는 사실이나 상태를 나타낼 때 써요.

어휘 뜻 익히기

① 위의 그림에서 현실적이지 <u>않은</u> 것은 무엇일까요? (   )

① 주말에 가족 여행을 가는 것   ② 얼음 왕국으로 여행을 가는 것

③ 강원도로 여행을 가는 것   ④ 스키를 타러 가는 것

② '현실'이라는 말이 무슨 뜻일지 짐작해 보고, 알맞은 것에 ○표 해 보세요.

사실 같은 거짓   실제 사실   상상하는 것   생각하는 것

③ 낱말을 따라 쓰고 소리 내어 읽어 보세요.

현	실						

어휘망으로 확장하기

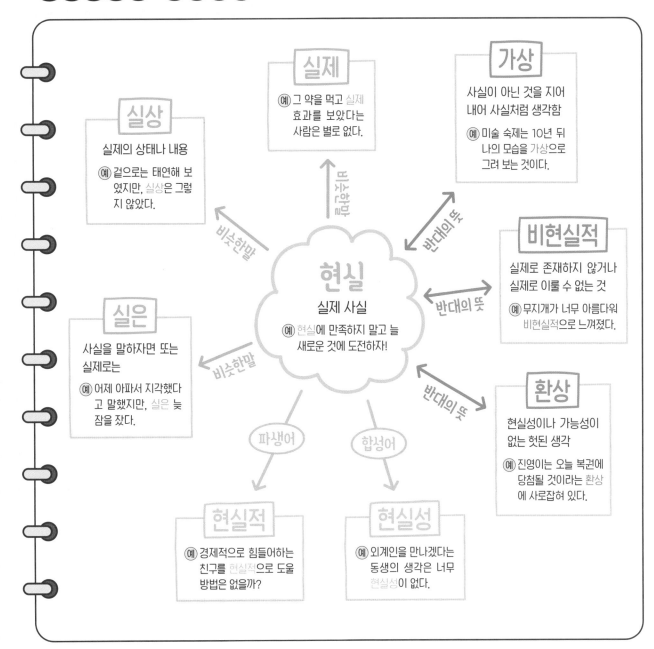

실제
예 그 약을 먹고 실제 효과를 보았다는 사람은 별로 없다.

가상
사실이 아닌 것을 지어 내어 사실처럼 생각함
예 미술 숙제는 10년 뒤 나의 모습을 가상으로 그려 보는 것이다.

실상
실제의 상태나 내용
예 겉으로는 태연해 보였지만, 실상은 그렇지 않았다.

비현실적
실제로 존재하지 않거나 실제로 이룰 수 없는 것
예 무지개가 너무 아름다워 비현실적으로 느껴졌다.

현실
실제 사실
예 현실에 만족하지 말고 늘 새로운 것에 도전하자!

실은
사실을 말하자면 또는 실제로는
예 어제 아파서 지각했다고 말했지만, 실은 늦잠을 잤다.

환상
현실성이나 가능성이 없는 헛된 생각
예 진영이는 오늘 복권에 당첨될 것이라는 환상에 사로잡혀 있다.

비슷한말

반대의 뜻

파생어

합성어

현실적
예 경제적으로 힘들어하는 친구를 현실적으로 도울 방법은 없을까?

현실성
예 외계인을 만나겠다는 동생의 생각은 너무 현실성이 없다.

4주

문장으로 확장하기

늘 말하던 것이 마침내 현실이 되었다는 뜻이에요.

속담
말이 씨가 된다

예 말이 씨가 된다고 좋은 말만 반복하니까 즐거운 일만 생기네.

어휘 뜻 확인하기

1 다음 그림을 보고, 빈칸에 들어갈 알맞은 낱말을 보기 에서 찾아 써 보세요.

보기

| 속은 | 실은 | 보는 | 겪은 |

어제 아파서 지각했다고 말했지만, ☐ 늘잠을 잤다.

➡ _____

2 '현실'을 잘 사용했으면 ○표, 잘못 사용했으면 ✕표 해 보세요.

(1) 현실에 만족하지 말고 늘 새로운 것에 도전하자! (　　　)
(2) 진영이는 오늘 복권에 당첨될 것이라는 현실에 사로잡혀 있다. (　　　)

3 아래의 문장에서 빈칸에 들어갈 알맞은 말을 찾아 ○표 해 보세요.

(1) 겉으로는 태연해 보였지만, ☐ 은 그렇지 않았다. | 실선 | 실상 |
(2) 그 약을 먹고 ☐ 효과를 보았다는 사람은 별로 없다. | 실제 | 실수 |
(3) 무지개가 너무 아름다워 ☐ 으로 느껴졌다. | 비현실적 | 비공식적 |

4 밑줄 친 말을 보기 중 하나로 바꾸어 올바른 문장으로 고쳐 써 보세요.

보기

| 현실로 | 실제로 | 현재로 | 가상으로 |

이 판타지 소설은 진짜로 존재하는 마법 세계가 주된 배경이다.

➡ _____

실전 문제 풀이

1 '늘 말하던 것이 마침내 현실이 되었다'는 뜻의 속담은 무엇일까요? (　　)

① 말로 온 동네 다 겪는다
② 여물 안 먹고 잘 걷는 말
③ 말이 씨가 된다
④ 드문드문 걸어도 황소걸음

2 다음 그림에서 현실적으로 가능한 일을 골라 보세요. (　　)

① 새가 되는 것
② 하늘을 나는 것
③ 물 위를 걷는 것
④ 걷기 운동을 꾸준히 하는 것

3 다음 글의 빈칸에 들어갈 낱말로 알맞지 <u>않은</u> 것을 골라 보세요. (　　)

"존시, 창밖을 봐. 저기 저 벽에 붙어 있는 마지막 잎새가 좀 이상하지 않아? 바람이 이렇게 부는데도 움직이지 않아. ⬚ 있을 수 없는 일이야."
존시는 창밖의 마지막 잎새를 자세히 바라보았어요.
"저 잎새는…, 베어만 할아버지의 그림이야. 할아버지는 마지막 잎새가 떨어지던 그날 밤에 나를 위해서 저 그림을 그리신 거야."

① 현실적으로　　　② 실제로　　　③ 진짜로　　　④ 가상으로

확인 학습

1 다음 문장에 들어갈 알맞은 낱말을 **보기** 에서 찾아 써 보세요.

> **보기**
>
> 상상   공상   가상   현실

경제적으로 힘들어하는 친구를 위해 _____ 적으로 도울 방법을 생각해 보았다.

2 '지시'를 잘 사용했으면 ○표, 잘못 사용했으면 ×표 해 보세요.

(1) 선생님께서 모두 회의에 참석하라고 지시하셨다. (   )
(2) 네가 지각을 한 번도 안 했다는 지시가 믿어지지 않아. (   )

3 아래의 문장에서 빈칸에 들어갈 알맞은 말을 찾아 ○표 해 보세요.

(1) 형은 아직도 나를 어린아이 [   ] 한다. | 취소 | 취급 |
(2) 옛날에는 거북이를 신성한 동물로 [   ]. | 여겼다 | 버렸다 |
(3) 그 가게는 새로운 손님께 특별한 [   ] 를 해 드리고 있습니다. | 대우 | 기우 |

4 밑줄 친 말을 **보기** 중 하나로 바꾸어 올바른 문장으로 고쳐 써 보세요.

> **보기**
>
> 무한한   한계의   아닌   무리의

나는 너의 거짓된 가능성을 믿는다.

➡ _____

5 다음 문장의 순서가 바르게 되도록 다시 써 보세요.

> 나는 / 참고해 / 전문가의 말을 / 카메라를 샀다.

➡ _____

94

종합 문제

 1 '다른 사람의 지시나 윗사람의 명령을 어긴다'는 뜻의 속담은 무엇일까요? (　　)

① 길을 알면 앞서가라

② 앞길이 구만 리 같다

③ 길로 가라니까 뫼로 간다

④ 아는 길도 물어 가랬다

 2 다음 그림에서 아이가 뭐라고 말했을지 골라 보세요.

① 네, 모든 생명을 귀하게 여길게요.

② 네, 개미는 곤충이 아니에요.

③ 아니요, 개미와 노는 것은 지루해요.

④ 네, 개미는 인간에게 해로워요.

 3 다음 글의 빈칸에 들어갈 낱말로 알맞은 것을 골라 보세요. (　　)

"이 소는 무를 먹으면 죽어 버리니, 절대로 무밭에 못 가게 하시오."
노인은 소가 된 게으름뱅이를 농부에게 팔면서 신신당부했어요.
'무를 먹으면 죽는다니, 참 별난 소로구먼.'
농부는 노인의 말을 [   ]하여 소를 무밭 근처에는 얼씬도 못 하게 했어요.

① 참고　　　　② 칭찬　　　　③ 재미　　　　④ 자랑

4주

정답

1주 1일

8쪽 1. ④ 2. 정함 **10쪽** 1. 정했다 2. X, ○ 3. 마음먹었다, 결심, 미정 4. 오디션의 합격자가 아직 미결정된 상태라서, 참가자들은 발표를 기다리고 있다. **11쪽** 1. ② 2. ④ 3. ④

1주 2일

12쪽 1. ③ 2. 관계를 맺음 **14쪽** 1. 맺은 2. ○, X 3. 상관, 연결, 별도 4. 높은 성적과 좋은 성격은 별개의 문제다. **15쪽** 1. ④ 2. ③ 3. ④

1주 3일

16쪽 1. ① 2. 본바탕이나 까닭 **18쪽** 1. 원인 2. X, ○ 3. 까닭, 이유, 사실무근 4. 오늘 들은 말은 터무니없이 꾸며 낸 이야기였다. **19쪽** 1. ② 2. ② 3. ②

1주 4일

20쪽 1. ④ 2. 여러 가지 **22쪽** 1. 각종 2. ○, X 3. 가지가지, 가지각색, 다양성 4. 스마트폰 액정이 깨져서 가지고 있어도 없는 것과 다름없었다. **23쪽** 1. ② 2. ④ 3. ③

1주 5일

24쪽 1. ① 2. 대처할 계획 **26쪽** 1. 대응책 2. ○, X 3. 방안, 방책, 무방비 4. 이제는 어떻게 해 볼 방법이 없어서 아예 손 놓아 버렸다. **27쪽** 1. ② 2. ③ 3. ④

확인 학습

28쪽 1. 관련 2. ○, X 3. 결정적, 결심, 마음먹었다. 4. 온라인 쇼핑몰은 컴퓨터의 종류가 다양해서 선택의 폭이 넓다. 5. 식중독의 원인은 상한 생선으로 밝혀졌다.

종합 문제

29쪽 1. ③ 2. ③ 3. ④

2주 1일

30쪽 1. ③ 2. 반대 **32쪽** 1. 아니다 2. ○, X 3. 뿌리치고, 거부, 수긍 4. 형은 내 말에 동의한다는 긍정의 뜻으로 엄지를 들어 보였다. **33쪽** 1. ④ 2. ④ 3. ③

2주 2일

34쪽 1. ③ 2. 같거나 다른 점을 살핌 **36쪽** 1. 견주어 2. ○, X 3. 맞대어, 대보니까, 유일무이 4. 우리 학교는 버스 정류장이 근처에 있어 비교적 교통이 편리하다. **37쪽** 1. ① 2. ④ 3. ①

2주 3일

38쪽 1. ③ 2. 간단하게 줄임 **40쪽** 1. 더는 2. ○, X 3. 줄었다, 빼고, 더해서 4. 살 곳이 사라진 북극곰을 보고, 나는 환경 운동에 힘을 보태고 싶어졌다. **41쪽** 1. ① 2. ④ 3. ①

2주 4일

42쪽 1. ③ 2. 사실 **44쪽** 1. 허구 2. ○, X 3. 현실, 실질, 엉터리 4. 아빠가 산 진주 목걸이는 플라스틱으로 만든 가짜 진주였다. **45쪽** 1. ② 2. ④ 3. ②

2주 5일

46쪽 1. ① 2. 중요한 것만 짧게 정리함 **48쪽** 1. 축약 2. ○, X 3. 요점, 집약, 늘어놓았다 4. 이 책은 어려운 수학 공식을 쉽게 풀이해 놓았다. **49쪽** 1. ② 2. ④ 3. ③

확인 학습

50쪽 1. 실제로 2. ○, X 3. 부정, 인정, 뿌리치고 4. 서연이는 시간 안에 발표하려고 10장으로 된 보고서를 1장으로 요약했다. 5. 내 발과 엄마 발을 비교해 보니 내 발이 훨씬 작았다.

종합 문제

51쪽 1. ③ 2. ④ 3. ②

3주 1일

52쪽 1. ① 2. 지켜야 하는 규칙 **54쪽** 1. 규칙 2. X, ○ 3. 법, 불규칙, 원칙적 4. 그 선수는 심판이 안 보는 틈을 타 반칙을 했다. **55쪽** 1. ④ 2. ② 3. ③

3주 2일

56쪽 1. ③ 2. 그대로 이어 감 **58쪽** 1. 지속 2. ○, X 3. 보전, 지키는, 지탱 4. 비가 너무 많이 와서 모든 훈련을 잠시 중단했다. **59쪽** 1. ③ 2. ④ 3. ④

3주 3일

60쪽 1. ② 2. 하려고 하는 것 **62쪽** 1. 의지 2. X, ○ 3. 예정, 계획적, 무작정 4. 앞으로 모임에 참여할 의향이 있으면 지금 말해 줘. **63쪽** 1. ② 2. ② 3. ③

3주 4일

64쪽 1. ④ 2. 아무렇게나 받아들임 **66쪽** 1. 합리 2. ○, X 3. 지성, 객관적, 비합리 4. 다른 사람을 때리는 것은 비이성적인 행동입니다. **67쪽** 1. ④ 2. ③ 3. ①

3주 5일

68쪽 1. ② 2. 살펴보거나 찾아봄 **70쪽** 1. 살피고 2. ○, X 3. 관찰, 연구, 은폐 4. 수영이는 눈을 가리고 냄새만으로도 어떤 음식인지 맞힐 수 있다. **71쪽** 1. ③ 2. ④ 3. ②

확인 학습

72쪽 1. 의도 2. ○, X 3. 유지, 지탱, 끊어졌다 4. 시험공부를 못 한 지민이는 쉬는 시간에 교과서를 훑어보았다. 5. 가족이 아프면 이성적으로 생각하기 어렵다.

종합 문제

73쪽 1. ④ 2. ① 3. ②

4주 1일

74쪽 1. ② 2. 하라고 시킴 **76쪽** 1. 명령 2. ○, ✕ 3. 시켰다, 좇아, 복종 4. 학생은 학교 규칙을 따라야 한다. **77쪽** 1. ③ 2. ④ 3. ④

4주 2일

78쪽 1. ① 2. 살펴 생각함 **80쪽** 1. 참조 2. ✕, ○ 3. 고려, 등한시, 외면 4. 선생님의 말씀을 한마디도 흘려듣지 않으려고 수업에 집중했다. **81쪽** 1. ② 2. ③ 3. ②

4주 3일

82쪽 1. ② 2. 처리하는 태도 **84쪽** 1. 여긴 2. ○, ✕ 3. 대우, 대접, 다룬다 4. 그렇게 책을 멀리하면 국어 과목을 잘하기 어려울 거야. **85쪽** 1. ③ 2. ④ 3. ③

4주 4일

86쪽 1. ② 2. 영향을 미치는 범위 **88쪽** 1. 경계 2. ○, ✕ 3. 범위, 제한, 영원히 4. 세계 각지를 여행해 본 민영이가 쏟아 내는 이야깃거리는 무궁무진하게 많았다. **89쪽** 1. ③ 2. ④ 3. ④

4주 5일

90쪽 1. ② 2. 실제 사실 **92쪽** 1. 실은 2. ○, ✕ 3. 실상, 실제, 비현실적 4. 이 판타지 소설은 가상으로 존재하는 마법 세계가 주된 배경이다. **93쪽** 1. ③ 2. ④ 3. ④

확인 학습

94쪽 1. 현실 2. ○, ✕ 3. 취급, 여겼다, 대우 4. 나는 너의 무한한 가능성을 믿는다. 5. 나는 전문가의 말을 참고해 카메라를 샀다.

종합 문제

95쪽 1. ③ 2. ① 3. ①

놀라운 어휘
학습도구어 4

초판 1쇄 발행 2022년 11월 23일
초판 2쇄 발행 2023년 1월 6일

기획 다산스쿨 교육연구소, 북케어
글 다산스쿨 교육연구소, 손명정
그림 안주영, 이진아

펴낸이 김선식
펴낸곳 다산북스

경영총괄이사 김은영
어린이사업부총괄이사 이유남
책임편집 박슬기 **디자인** 양X호랭 DESIGN **책임마케터** 박상준
어린이콘텐츠사업4팀장 강지하 **어린이콘텐츠사업4팀** 최방울 박슬기
어린이디자인팀 남희정 남정임 김은지 이정아
마케팅본부장 권장규 **어린이마케팅팀** 최민용 박상준 송지은
미디어홍보본부장 정명찬 **어린이홍보파트** 이예주 문윤정
저작권팀 한승빈 김재원 이슬
재무관리팀 하미선 윤이경 김재경 안혜선 이보람
인사총무팀 강미숙 김혜진
제작관리팀 박상민 최완규 이지우 김소영 김진경 양지환
물류관리팀 김형기 김선진 한유현 민주홍 전태환 전태연 양문현 최창우

출판등록 2005년 12월 23일 제313-2005-00277호
주소 경기도 파주시 회동길 490
전화 02-704-1724 **팩스** 02-703-2219
다산어린이 카페 cafe.naver.com/dasankids **다산어린이 블로그** blog.naver.com/stdasan
종이 한솔피엔에스 **인쇄** 한영문화사 **코팅** 평창피앤지 **제본** 한영문화사

ISBN 979-11-306-4204-8 (64700)
　　　979-11-306-4200-0 (세트)